U0016273

找到冷鑽股

美股獲利穩穩賺

善用C.O.L.D.系統，挑出隱形績優股

巴菲特線上學院培訓師

李仲盈 (Victor) ／著

各界推薦！

（依姓氏筆畫排列）

Mr. Market **市場先生**（財經作家）

Ms. Selena（生活理財 YouTuber）

石偉明（BOS 巴菲特線上學院創辦人）

慢活夫妻（投資理財 YouTuber）

我強烈推薦 Victor 的《找到冷鑽股，美股獲利穩穩賺》給任何想提升股票選擇技巧的人。

作為一名賺取百萬、經驗豐富的投資者，我發現 Victor 選擇冷門鑽石股的獨特方法非常引人入勝。他自己發展的這套股票選擇邏輯，對於想在股票市場實現穩定利潤的任何投資者都是必讀的。

這本書是每一位投資者必不可少的資源，可以讓你的股票選擇更上一層樓。

——石偉明

市場上，投資人總是喜歡關注熱門題材、熱門公司，但這些「熱門」往往是我們賺不了錢的原因，因為有太多新聞、

資訊、雜訊干擾著我們的決策。

　　而冷鑽股則是話題不高、卻在默默賺錢的公司，不會受到新聞與資訊的干擾，可以讓投資人更明確了解公司的狀態。相對地，不被新聞炒作的冷鑽股也不用擔心股價波動太大。

　　對於冷鑽股的挑選，Victor 培訓師在本書中完全大方公開他的投資策略，並用系統化的方式一步一步帶領讀者，挑選出自己有信心且值得關注的冷鑽股。

　　如果你已經厭煩自己選擇的標的因新聞而股價起起伏伏，那這套冷鑽股策略非常適合你來閱讀。

　　——慢活夫妻

目錄
CONTENTS

第4章	五大關鍵財報指標， 找出值得投資的冷鑽股

冷鑽股讓你打造一個
源源不絕的被動收入系統

　　坦白說，靠投資累積財富一直是我從小不敢想的目標，更別說有朝一日出版一本投資相關的書籍。為什麼呢？因為在求學過程中，台灣的學校老師普遍沒有教我們如何做好投資理財，家庭教育也不太會談論這方面的事情，最常聽到長輩傳授的理財方式就是「存錢」，最好是存「定存」，好像存了定存會莫名有種安心感。殊不知因為通貨膨脹，錢放在銀行，你的購買能力會越來越少，就算你再有能力賺錢，存了1,000萬台幣到台灣的銀行，過了二十年、三十年之後，可能只剩下500萬的購買能力。到了要退休的那一刻，卻不敢退休，也無法好好享受退休生活，因為年輕時不懂得投資理財，幫自己打造被動收入系統。

　　我直到出社會工作一段時間之後，才明白投資理財的重要性。我知道時間不等人，所以決定馬上開始投資。我選擇先從台股開始，畢竟我們身在台灣，感覺先投資台股是個很合乎邏輯的決定。我不是金融背景出身，也沒有太多財商知識，但我知道行動很重要，所以自學了一段時間，開了台股

帳戶就準備大殺四方了。我還記得當時買了一支股票叫「復興航空」，為什麼買這支？除了當時曾在復興航空的關係企業工作過，也搭乘過復興航空的班機出國旅遊，加上股神巴菲特講過：「當別人恐懼時，我們要貪婪！」於是當我看到復興航空接連發生兩起空難事件，連帶影響股價下跌的新聞時，認為這是良好的投資機會，就出手買下復興航空的股票，卻也讓我重重摔了一跤。原本以為在股市一片恐慌的氛圍下，我可以撿到便宜的股票，再趁著股價上漲時賣掉獲利了結，但就如同巴菲特的另一句名言：「潮水退了，就知道誰沒有穿褲子！」我壓根兒沒有想到復興航空會在空難事件過後宣布解散破產，那我手上的股票不就變成傳說中的廢紙了嗎？

儘管心中有很多疑問、不滿，但事實就是如此。我買了一間體質不好的公司，因為我不懂得看公司財報，不知道如何挑選好的公司來投資，更不是以「股東」的心態在投資，滿腦子都在想著如何賺錢、報酬率可以多高多高，所以當時投資賠錢也是一件很正常的事。

所幸我沒有消極太久，虧損的錢也在我能承受的範圍，這要感謝我當時沒有押身家下去投資。於是，我轉換學習方式，既然自學無效，我就出去找老師或相關教學單位學習。在比較過各種投資方法、各家教學單位後，我選擇了 BOS 巴菲特線上學院，也非常幸運能在我的導師石偉明（Sean

Seah）及瑪麗‧巴菲特（Mary Buffett）身上學到許多難能可貴的投資經驗，更結交了許多志同道合的好朋友，確定了價值投資是值得我一輩子使用的投資方法，甚至成為巴菲特線上學院的培訓師。這些都是當時的我無法想像的畫面！

上完課之後，我按照課程教授的投資系統一步一步操作，導正投資心態，一直到目前為止，平均年化報酬率都可以到20% 以上。我知道有人會覺得才 20%，好少喔！但是，千萬不要小看每一年 20% 的穩定績效，因為透過複利的效果，運用「72 法則」去計算，經過快四年的時間，你當初投資的本金就會翻倍了。重點在於你有沒有辦法持續穩定地做下去，要記得：財富沒有奇蹟，只有持續累積！

而隨著科技越來越發達，資訊取得越來越快速方便，我們受到新聞媒體的影響也越深。尤其是在投資的時候，我發現即使是我們自己的學員，有時也會很容易被新聞媒體、網路消息影響了自身的投資決策，做出一些我們在課堂上強烈建議要避開的事情。所以在這本書中，我會跟大家分享如何找到屬於你自己的「冷門鑽石股」、為什麼不看新聞不盯盤反而可以賺更多，以及冷門鑽石股的評估指標、資產配置等重要觀念。不管此刻在看書的你是處在人生哪個階段、財務狀況如何，只要你在書中有學到任何一個觀念、概念，並運用在你的投資或生活中，取得良好成效，我都會為你感到非常開心！

當然，投資本來就是有賺有賠，任何投資方法都有一定的風險。我在書中提到的任何標的、例子，請大家務必要獨立思考，切勿盲目跟單。投資要為自己負責，每個人的風險承受度不同，投資的屬性與個性也不同，如果你覺得我在書中提供的投資方式很無聊，也沒關係，知道自己要什麼更重要！

　　在此，也獻上我最真誠的祝福，希望大家在投資路上走得順利、安全，持續累積好的資產，為自己打造一個源源不絕的被動收入系統，找到屬於你的「鑽石」！

第 **1** 章

投資「冷門鑽石股」，
才能穩定獲利

找 到股市中的鑽石聽起來很難，但其實冷門鑽石股就是你真正研究過、了解過、評估過，在你知識圈內的好公司。而學習找到冷鑽股，就是訓練你將投資生活化的過程。

1-1 為什麼要去美股市場 找「鑽石」？

「為什麼人在台灣不投資台股，卻要推薦我們投資美股呢？」

「台股都做不好了，還要投資美股，真是笑死人了！」

你是否也有一樣的疑問？其實這是很常見的美股投資迷思，而且跟本書要講的「冷門鑽石股」有很大的關連，所以我一開始就要特別說明一下。

我以前在珠寶精品業工作時，前輩曾經問我一個問題：「你知道為什麼鑽石的價格會這麼高嗎？」我說：「應該是物以稀為貴吧！」前輩答道：「沒錯！那你知道一個足球場大小的場地，能挖出多少鑽石嗎？」我思考了一下說：「應該五分之一球場大小吧！」前輩回答：「不是喔，大概只有一顆足球的大小而已！」

不管是要挖石油還是挖鑽石，事前的勘察工作非常重要，你要知道哪個地區比較容易挖到石油或鑽石。以石油為例，中東地區跟台灣相比，中東地區肯定比較容易挖到石油；同

理，如果你想在股市找到屬於你的鑽石，為什麼不去鑽石股藏量比台股市場多很多的美股市場呢？

此外，我們對美股上市公司的熟悉程度，絕對贏過台股上市公司，比如說可口可樂、百事可樂、嬌生、3M、麥當勞、肯德基、聯合利華、P&G寶僑、雅詩蘭黛化妝品、蘋果手機、微軟、Google等等，很多都是我們每天會用到、摸到，甚至吃到的東西。我們都在當這些公司的消費者，為什麼不轉個念，當它們的股東呢？

投資美股的長期績效贏過台股

你是不是害怕投資美股的績效不如台股？那你就大錯特錯了！我們來看一下圖1-1-1。

以美國大盤ETF SPY跟台灣大盤ETF 0050的績效來比較，在2013年到2022年12月28日為止這十年間，你可以很清楚地看到，0050的總報酬率是107.39%，SPY則是163.79%。同樣都經歷過2020年的新冠疫情、2022年的俄烏戰爭、美國聯準會升息與通貨膨脹的影響，投資美股的報酬率仍然高於台股。

在績效較好的市場投資，賺錢的機率也會大幅提升。無論你喜不喜歡美國這個國家，都不可否認，美國是目前這個地球上的軍事與經濟大國，美股打個噴嚏，全世界的股市都會

▲ 圖 1-1-1（資料來源：tradingview.com）

受到影響；反觀台股，很多都是某某供應鏈概念股，有接到大單才會賺錢，股價才有可能大漲。**與其投資需要看別人臉色的概念股，為什麼不直接投資供應鏈源頭的品牌公司，讓這些好公司幫你賺錢呢？**

美國公司市值占比，超過全世界一半以上

如果績效還無法說服你，那我想問，你投資是不是抱著當「股東」的心態？確實是啊！**投資的本質就是當公司的股東。**既然如此，你想要當大公司的股東，還是小公司的股東？如果要我選，一定是規模大、錢越賺越多的公司，這種類型的

公司倒閉機率也相對低很多。

那麼，要如何看一間公司的規模是大是小？很簡單，可以用市值快速判斷，市值越大，表示公司規模越大；市值越小，則公司規模越小。根據 myindex.jp 這個網站的統計，截至 2022 年 5 月為止，全世界四十五個國家的總市值為 61.5 兆美元，美國的市值是 36.4 兆美元。以國家分額占比來說，美國就占了 59.2%，超過一半。所以，你想在美股市場找到大公司的機率是高出非常多的，找到冷門鑽石股的機率也是，何必在台股裡苦苦尋找呢！

當然，每個人的觀點不同，投資哪個國家的股票見仁見智。或許你投資台股賺錢很輕鬆自然，那就請你繼續使用自己的方法；如果不是，那美股真的是你可以考慮的方向。

投資美股開戶沒你想的那麼困難

倘若你對投資美股有興趣，那要怎麼開始呢？很簡單，準備好你的護照和身分證，先找一家海外券商開戶，開戶流程這邊就不贅述，網路上有很多相關教學文章。不要覺得開戶很麻煩，投資台股也是需要開證券戶與交割戶，現在很多海外券商的網站都有中文化服務，語言不是問題，只是在填資料時還是需要填寫英文，但也不用擔心，此處提供在海外券商開戶的教學影片，你可以跟著影片，一步一步操作。

・影片連結：https://bit.ly/cold01

・或直接掃描 QR Code：

　　這裡的開戶教學是以 TD Ameritrade 這個券商為範例，但是不用擔心，開戶的邏輯每家券商都大同小異。巴菲特線上學院的培訓師與大多數學員都是使用 TD Ameritrade 投資美股，到目前為止都沒有什麼問題，還有免費中文客服可以詢問，但要注意在美國的上班時間撥打電話，才會有專員服務。

　　此外，你要選擇什麼券商投資都可以，只是要特別注意，選擇的券商最好是 FINRA（**美國金融業監管局**）與 SIPC（**美國證券投資者保護公司**）這兩個機構的成員，才會更安全、更有保障。FINRA 保障投資人在券商平台上投資金融商品的安全性與公平性，SIPC 則保護投資人的資產，類似保險公司的概念，如果你使用的券商不幸倒閉，它會保障投資人的現金與證券（最多 50 萬美元），所以要記得檢查一下你使用的券商是不是這兩個機構的成員。

　　你也可以上網查詢每個券商的優缺點，記住，缺點是你可以接受的再開戶，千萬不要因為開戶很快速或有很多優惠，

就一時衝動。安全有保障，才是選擇海外券商必須優先考量
的地方。

1-2 一般人投資股市賠錢的五大原因

　　講到投資股票，你會想到什麼？很危險？很刺激？很難懂？有錢人在玩的遊戲？還是安全的？可以穩定獲利的？可以當公司的股東？

　　你會發現，大家對投資股市的第一印象通常是負面的，或者覺得要每天盯盤，投資在趨勢上的股票才能賺大錢。就像我剛開始投資美股時，身邊的朋友都會問我一個問題：「美股是台灣晚上時間開盤，這樣你不就要熬夜盯盤嗎？很辛苦吧？」我的回答通常是：「不會啊！我是用價值投資的方法投資美股，不需要盯盤，也不用一直關注新聞趨勢，投資美股照樣能賺錢！」聽得懂的人可以理解，但刻板印象較深的人就很難明白我在說什麼，我也只能用微笑帶過，或是轉移話題……

　　記住，**投資股市不是在玩數字遊戲**，更不要盲目地追高殺低。通常買進這種類型的公司，股價往往被炒作得太高，就像用天價買進一檔你什麼都不知道的股票，這才是最危險、最容易賠錢的時候。股神巴菲特說過：「**風險就來自你不了**

解的東西！」很多人投資股票，參考的依據是新聞媒體、網紅、名嘴或某知名分析師，說穿了就是想要聽明牌投資，然後幻想著賺大錢。但現實總是殘酷的，我真的沒有聽過誰靠明牌賺大錢，反而很常聽到有人因為聽明牌、跟風、追高殺低，而輸掉畢生積蓄。天啊！不要跟自己的錢開玩笑，這樣的投資方式就是把主導權交到別人手上，有可能別人已經賺錢下車了，你還傻傻在車上，賠錢了就開始怪東怪西，好像永遠都是別人的錯，殊不知自己才是最需要檢討的人。

避開讓你在股市賠錢的五個坑

巴菲特說：「投資只有兩個準則，第一是不要賠錢，第二是請參考第一點。」

有鑑於此，如果投資股市想要賺錢，那就要具備巴菲特副手查理‧蒙格說的「反向思考能力」，先了解做什麼事情會賠錢，然後避開它，接著你就會自然而然地賺錢。

以下是一般人投資股市會賠錢的五大原因。

一、把股市當成賭場

很多人是以「投機」「賭博」的心態進入股市，把股市當成賭場，幻想著一夜致富。我知道每個人都想賺快錢，這也是人性貪婪的一面，所以市場上大約有 95% 的人都是抱著這

樣的心態，將股票當成商品，想要買低賣高，爽賺一波。但你真的有辦法在股市大賺一波，安穩退休嗎？當大部分的人都想在股市分一杯羹時，你能比別人聰明、能贏過市場上大多數的人嗎？

切記，投資不是競賽、不是比誰可以賺更多錢，**要在股市長期穩定獲利的關鍵，是活下來，活下來才能享受複利帶來的成果！**千萬不要被短視近利的投資方法或商品沖昏了頭，容易賺大錢的方法陷阱滿滿。你要問的是自己可以賺多久，而不是有賺有賠，甚至輸掉更多的錢，那其實只是在浪費時間而已。

二、把股市當成老師

這點也是很多人常犯的毛病。我聽過有些人把股市當成老師，卻沒有做好功課與準備就進入股市，因為他們認為，即使投資賠錢，也能學到經驗與教訓，下次就可以避免重蹈覆轍。但是你有沒有想過，你一點準備都沒有，就貿然進入股市，這不是當韭菜，什麼是當韭菜！就像上戰場前，肯定要先受過軍事專業訓練，至少要知道槍怎麼用吧，不然到了戰場，只是被當成炮灰而已。

同理，進入股市之前請做好功課，務必先投資在自己身上，學習相關知識，不然投資賠錢就是賠錢了，你不會學到任何東西的。根據我自身的經驗，也問過身邊的朋友、學

員，他們的回饋幾乎都是：「呃……我學到了……那個……早知道……投資好危險……千萬不要投資……」大概就是這些負面詞彙。難怪很多人從小就被灌輸投資股市會賠掉很多錢，因為大部分的人都沒有做好功課就進入股市，賠錢了也不知道原因，只知道自己的存款越來越少。**股市不是老師，它不會教導你任何事情，但它會懲罰無知的人的荷包！**

三、不了解自己在做什麼

這點跟前面說過的盲目跟單、聽明牌、追新聞消息一樣，很多人投資在自己完全不了解的股票上，生意模式不懂，公司有沒有賺錢不知道，靠什麼賺錢也不知道，問他為什麼要買，得到的答案通常是：「股價漲我賣掉有賺錢就可以了！」這完全不是當「股東」的心態。萬一股價下跌呢？你要停損嗎？還是繼續加碼？或者就被套牢，幻想著哪一天會漲上去？如果你完全不知道自己在投資什麼，股價漲一點、跌一點你都會心驚膽跳，深怕錯過賣掉時機，內心的小劇場無限上演，這樣不累嗎？

所以建議大家一定要投資自己能力圈、知識圈內的股票，投資你了解的公司，就算你投資的股票很無聊也沒關係，因**為投資不是追流行、趕時尚，越無聊但錢越賺越多的公司我越喜歡。**如果你喜歡喝星巴克，為什麼不投資星巴克，讓這間公司幫你賺錢？如果你常逛好市多，為什麼不投資好市

多，讓它也替你賺錢？如何從生活周遭找到好的投資標的，我會在第二章深入分享。

四、沒有做好資產配置

關於資產配置這個環節，我會在第五章詳細說明，這邊先提醒一件事：再怎麼看好一支股票、一個產業，甚至是未來趨勢，都千萬不要押身家投資進去，一定要做好風險控管。有太多人認為錯失一個好的賺錢機會太可惜、只投資一點點太可惜，投資的錢越多才能賺得越多，殊不知如果看錯方向賠錢，你也是賠更多，甚至會傾家蕩產、一貧如洗！所以，**做任何投資之前都要先專注風險，做好資產配置**。不要可惜沒賺到的錢，要珍惜已經賺到的財富，並且持續做下去。

五、被新聞媒體牽著鼻子走

自從網路出現後，我們的生活越來越方便，同時也興起了許多網路媒體、社群媒體、自媒體等等。這些新興媒體部分取代了傳統媒體的地位，我們要找資料變得快速許多。雖然科技日新月異是好事，但對投資來說也是好事嗎？不見得，因為資訊取得越來越快速方便，我們反而更容易被這些媒體影響，以致做出容易賠錢的行為。

還記得 2020 年初發生的重大事件嗎？新冠病毒重創全球，也影響全世界的股市，美股經歷四次熔斷，很多股票都下跌

非常多，但也有少數幾支股票逆勢成長，成為疫情受惠股，比如研發或生產疫苗的相關藥廠。

圖 1-2-1 是我從 Google 搜尋到的相關新聞。

hk.appledaily.com › international › 20201109 ▼

武漢肺炎 全球疫情｜輝瑞稱疫苗90%有效逾4萬人試驗中僅94 ...

2020年11月9日 — 輝瑞藥廠（Pfizer）周一表示，數據顯示一款與德國BioNTech共同研發的疫苗，在第三階段試驗中可90%阻止感染，是武漢肺炎疫苗大規模臨床 ...

hk.appledaily.com › finance › 20201109 ▼

股滙市況 · 不斷更新｜納期未止瀉跌2% 新經濟重創美團急挫一 ...

2020年11月10日 — 輝瑞藥廠（Pfizer）周一表示，數據顯示一款與德國BioNTech共同研發的疫苗，在第三階段試驗中可90%阻止感染，是武漢肺炎疫苗大規模臨床試驗 ...

m.ctee.com.tw › a97604002020110921090964 ▼

輝瑞：新冠疫苗試驗90%有效| 國際| 20201109 | 即時新聞| 工商 ...

2020年11月9日 — 輝瑞9日宣布，根據一項大型研究的初步數據顯示，他們的疫苗試驗，超過90%能有效防止新冠病毒。 英國阿斯特捷利康（AstraZeneca）及美國嬌 ...

www.facebook.com › permalink ▼

葉芳的股市贏家世界- 20201109 輝瑞CEO：預計新冠疫苗研究 ...

20201109 輝瑞CEO：預計新冠疫苗研究應該會在月底前完成。 美國製藥巨頭輝瑞(PFE-US) 和德國生物技術公司BioNTech 表示，根據他們後期疫苗試驗的數據，...

www.voacantonese.com › great-day-for-humanity-pfiz... ▼

輝瑞疫苗成功！股市瘋漲特朗普、拜登都說太棒了 - 美國之音

2020年11月10日 — 美國輝瑞製藥公司週一（11月9日）宣布，該公司研製的新冠病毒疫苗的有效率達到90%以上。這是人類在抗擊新冠病毒大流行方面取得的一項 ...

▲ 圖 1-2-1（資料來源：Google）

根據 2020 年 11 月 9 日左右的新聞報導，大家應該都不陌生的美股上市公司輝瑞藥廠聲稱，疫苗試驗已經有 90% 的成

效了。這無疑是個好消息，看到這類新聞，你可能就想說要趁機投資輝瑞，之後疫苗普及，這間公司就會賺到很多錢，股價搞不好也會創新高，到時再賣掉，就可以爽賺一波了。

如果你當時真的有投資，我們來看圖 1-2-2。

▲圖 1-2-2（資料來源：tradingview.com）

對，不要懷疑你的眼睛，你剛好買在那時候的最高點，你一買，股價就往下跌，帳面上就賠錢了。套一句股市最常聽到的話，恭喜你住套房了！

所以你要明白一件事：**新聞媒體報導出來的，都是已經過時、已經發生的事件**，它不會預測未來的事，除非你喜歡看一些怪力亂神的節目。當你看到新聞報導再去投資，其實為時已晚。當然網路上一定有很多所謂的「大師」在預測、預

言很多事件，我是覺得聽聽就好，大部分預言的準確度都很低，很多預言也都講得很含糊，最好不要相信這些預言而去投資，要懂得獨立思考，切勿隨波逐流、人云亦云！

　　以上就是一般人投資股市賠錢常見的五大原因。希望大家都可以養成「**先專注風險**」的習慣，而不是被報酬率牽著鼻子走。賺快錢很開心我知道，但**重點是可以「持續」賺多久**。擁有健康的投資心態，才是長期累積財富的關鍵。

投資大師會選擇什麼類型的股票？

彼得・林區說：「要是我可以避開一種股票，肯定是熱門產業中最熱門的股票！」

相較於股神巴菲特的廣為人知，傳奇的價值投資大師彼得・林區反而較少人知道，我卻非常欣賞這位大師。

彼得・林區在麥哲倫基金擔任基金經理人的十三年期間，管理的資產由 2,000 萬美元成長到 140 億美元，平均年化報酬率大約 29.2%，是一位相當出色的基金經理人。我的冷門鑽石股概念，很大部分是受彼得・林區啟發而延伸的。

你可以從彼得・林區的著作或演說中看出，他的投資理念跟我們一般的認知很不一樣。他不喜歡熱門的公司，也不追求趨勢，反而是挑選不常上新聞媒體、默默無聞卻默默賺錢的好公司。

彼得・林區心目中的好公司

既然彼得・林區的績效這麼厲害，還被各大媒體譽為投資

界的傳奇人物，那麼他認為的好公司特質，有必要好好介紹一下。他在《彼得林區 選股戰略》書中提到十三個好公司特質，我幫大家整理成七點；如果想了解更多，可以去拜讀他的這本書。

一、公司名稱或生意模式很無聊卻賺錢的公司

如果你發現一支公司名稱很無聊、平淡無趣，卻又默默賺錢的股票，恭喜你找到了冷門鑽石股。我最喜歡投資這種類型的公司，比如股票代碼「ADP」這間公司，全名是「Automatic Data Processing, Inc.」，中文叫作「自動資料處理公司」，名字聽起來不怎麼樣，但它是全球最大的人力資源管理公司之一，如果你有在關注總體經濟的消息，一定聽過「美國非農就業人口數據」及「美國ADP就業人口數據」，後者也被稱為「小非農」。ADP就業數據雖然不是官方數據，但只要這個數據表現好，通常非農的數字也會有不錯的表現，所以也有很多人在關注這個數據。重點是，ADP這檔股票的賺錢能力很棒，卻不常上新聞媒體，算是一間不為人知的好公司。

生意模式無聊的公司滿多的，尤其是**民生消費用品**相關。比如荷美爾食品公司（Hormel Foods Corporation，股票代碼：HRL），這是一家生產午餐肉為主的美股上市公司，這樣的生意模式跟最近流行的電動車、區塊鏈、元宇宙相比無聊了

許多，但你去港式餐廳吃飯就有可能會吃到它的肉品，去逛超市就有可能會買到它的商品。這間公司的股票也是非常賺錢，股息成長更是超過五十五年，相較於投資新奇的公司，我寧願把賺來的薪水拿去投資穩定無聊卻默默賺錢的好公司。

二、從事讓人搖頭的生意

公司名稱、生意模式無聊，加上令人搖頭或討厭的商業模式，偏偏又賺錢，也是彼得・林區很喜歡的股票之一。比如股票代碼「WM」的廢棄物管理公司（Waste Management, Inc.），做的是垃圾和廢棄物處理，收垃圾竟然可以做到上市，還很賺錢。這種類型的公司你可能不會想去工作，但可以投資它當股東，因為只要人類存在地球上，就一定會有垃圾產生，有垃圾當然不能置之不理。雖然大多數人不喜歡從事相關工作，你創業也不太會想要發展這個項目，但這種類型的公司卻是很難被消滅的。

除了廢棄物處理公司之外，你也可以往殯葬業、汙水處理、有毒物質處理、監獄相關產業去發想。美股上市公司有八千多支可以選擇，所以不要限制自己的格局，只要願意去尋找，就可以找到很多意想不到的好公司，比如殯葬業相關的 Service Corporation International（股票代碼：SCI）、監獄相關的 The GEO Group, Inc.（股票代碼：GEO）等。如果發現其他好公司，也歡迎跟我分享！

三、法人機構持股少、分析師很少追蹤的公司

什麼類型的公司連法人機構、華爾街分析師都不太喜歡呢？彼得‧林區認為是**銀行、儲貸機構及保險業的公司**。這類型的股票為什麼值得我們投資？很簡單，法人機構持股多的公司，一旦股市有什麼風吹草動、負面消息，只要有一家機構評估完，不管什麼原因開始拋售，就會影響其他機構跟著拋售；而當散戶看到股價下跌太快，也會因為恐慌，跟著拋售股票，加速股價下跌的速度。如果這剛好是你持有的股票，你是會跟著一起賣、不動作，還是加碼？不管怎樣都會嚴重影響你的投資情緒，對你的績效也不是好事。

四、擁有利基市場

這點也是我很看重的地方！什麼是利基市場呢？你可以想像是獨占事業，或是市場太小，小到只有一家公司就可以賺錢，再多一家公司就會一起不賺錢。比如我們台灣的桃園機場，你會想在桃園機場旁邊再蓋一座國際機場嗎？應該不會，因為市場已經飽和了，再蓋一座機場會稀釋原本機場的需求，導致大家一起不賺錢，甚至倒閉。

至於什麼產業比較容易找到利基市場呢？你可以往**鐵路產業、運輸管道、國防武器公司**等去發想，相信一定會找到許多很棒的公司。

五、大家持續購買的東西

這個就是我們常說的**民生消費必需品**，也就是不管有沒有金融海嘯、疫情、戰爭、聯準會升息、通膨，我們都會持續使用的東西。

大家可以留意日常生活中，有什麼是我們每天都會摸到、用到、吃到、看到的商品，這些商品背後是不是上市公司呢？如果願意留意身邊的事物，你就會發現原來好的投資標的就在生活周遭，而不是新聞媒體每天用力報導的那些「看起來」很賺錢的投資機會。投資應該是要讓人安心退休，過自己想過的日子，所以與其把錢放在變幻莫測的產業，整天提心吊膽，不如投資在穩定賺錢、不易改變的公司，會比較踏實。

六、科技的使用者

科技日新月異，有越來越多新科技、新趨勢慢慢出現，我們的生活或多或少也會隨之改變。先不論這些改變是好是壞，但凡有新的趨勢出現，通常也會伴隨著新的投資機會或投資商品，這個時候反而要格外小心，為什麼呢？因為大多數的趨勢很容易不見或泡沫化。你還記得葡式蛋塔、雷神巧克力、電子雞、夾娃娃機、電話亭 KTV 嗎？這些在當時紅極一時的熱潮，現在還流行嗎？有些商品甚至已經很難看到了。所以，投資在趨勢上的公司本身風險很高，千萬不要認

為自己的預測能力很好，可以預測未來的趨勢會如何如何。你應該問自己，過去五年、十年間，你有猜對過什麼趨勢嗎？它有讓你賺到錢嗎？如果沒有，你又如何能肯定現在你看好的趨勢一定會賺錢？

與其跟風追流行，我反而會去思考趨勢背後的工具，這個工具就是指**趨勢背後默默賺錢的公司**，而不是趨勢本身。如果你願意多思考一層，就能找到相對穩定的投資標的。比如最近很火紅的區塊鏈、虛擬貨幣、NFT，我知道有人買賣虛擬貨幣賺錢，但你可以思考這個趨勢背後相關的公司是什麼。比如這些加密貨幣背後需要挖礦機，需要高效能的電腦晶片、顯示卡來運作，我就會思考在設計和生產晶片或顯示卡方面，有沒有相關的上市公司，像台積電（TSM）、輝達（NVDA）就會是我考慮的標的。有時候換個思考方式，反而會讓你的投資風險降低許多。

七、內部人士買進自家股票

公司的內部人士主要是公司高層或管理層，如果連他們都有買進自家的股票，甚至公司有回購自家股票的政策，表示公司對自己未來的營運非常有信心。彼得・林區也認為：「當公司內部人士瘋狂買進自家公司股票時，你至少可以確定，這家公司絕對不會在六個月內破產！」如果你買進這種類型的公司，就意味著你跟公司的高層、管理層站在同一陣線，

你們都是股東，公司管理層做決策時，也較容易以股東為優先考量。

假如你發現公司的一般員工也願意買進自家股票，表示不只是管理層，連底下的員工也看好未來的發展，公司在執行各項政策時會更有效率，上下一心為了公司更長遠的未來打算，比較不會為了自身利益惡意擴大公司業務，這對股東會是更嚴重的傷害！

向大師學習，了解他們的投資理念與準則，是我覺得最快的學習方法。相較於從失敗中學習，如果可以模仿投資大師的選股準則與邏輯，反而可以省下很多摸索的時間。

站在巨人的肩膀上可以看得更遠，這些驗證過可行的投資方法值得我們學習。而隨著你的投資經驗越來越豐富，你也可以再優化這些好公司的特質，變成專屬於你自己的投資準則。

1-4 投資最重要的事，就是你常聽到的「廢話」

　　投資跟生活是分不開的。我們在生活中常聽到一些很簡單的道理，比如尊師重道、飲水思源、知足常樂等，這些我們認為是廢話的名言佳句，在沒有確實做到之前，都等於不知道。

　　投資也是如此。例如我在章節 1-2 提到的巴菲特名言：「投資只有兩個準則，第一是不要賠錢，第二是請參考第一點。」相信很多人看到這句話，第一個感覺是：「這不是廢話嗎？投資當然就是不要賠錢啊！」沒錯！就是這麼簡單的道理，許多投資人卻做不到。

　　知道歸知道，有沒有確實做到是另一回事。很多人追求複雜高深的投資技巧，卻忘了大道至簡、化繁為簡才是最有智慧的道理。所以千萬不要小看任何你認為是「廢話」的名言佳句，要記得反思自己是否有落實在生活中、投資中，收斂自大的一面，謙虛地面對沒有做到的地方，進而讓自己越來越好。

「企業表現好，股票就會表現好。」

坦白說，一開始看到巴菲特說的這句話，我覺得真是廢話，上市公司如果表現好、發展好，股價當然會跟著水漲船高啊。可是到了投資的世界，就不是這麼一回事了。我常開玩笑說，很多人在投資的時候會人格分裂，平常都懂的道理，到了投資的世界就完全拋諸腦後，因為只要跟賺快錢扯上關係，我們往往會失去理智，做出不理性的行為，在股市追高殺低、猜頭摸底，完全不管自己買的股票這間公司有沒有賺錢，反正股價有漲我有賺錢就好。

可是回到現實世界，如果你的好朋友開一家雜貨店很賺錢，加上你親眼目睹這家店每天都門庭若市、生意興隆，所以你毫不猶豫地投資下去，每年都穩定領到分紅，在這種情況下，你會輕易賣掉手上的股份嗎？應該不會，除非你急需用錢。

那些看似很簡單的名言金句，在你還沒完全做到之前，都代表你不知道其中的道理。投資時也是如此，請適時檢視自己的投資行為，以當「股東」的心態做出每一個投資決定，相信你的績效會有很大的翻轉。

「當別人恐懼時貪婪，當別人貪婪時恐懼。」

這句也是巴菲特的名言之一，聽起來簡單，要確實做到很難！尤其是 2022 上半年，美股進入熊市，美國大盤也下跌了大約 20%，在這樣的環境下，不管是新聞媒體、各大研究機構、法人或散戶，大多數都抱持悲觀的心態，認為全球經濟短期內難以復甦，熊市還有一段路要走，沒這麼快結束。在大家都擔心害怕的時候，只有少數人敢逆勢前進；當大家都在拋售股票時，又有多少人敢買股票呢？

沒辦法，誰叫我們是正常的人類？只要是人，都會有貪婪、恐懼和嫉妒的一面。我們的情緒很容易受到股價波動的影響，股價上漲時，我們會很開心，因為帳面上賺錢；股價下跌時，我們會傷心，因為帳面上賠錢。而根據心理學的研究，賠錢（損失）的感受程度，是贏錢（收益）的兩倍之多。這也是為什麼我們明知道在股市大跌、崩盤時進場買股票，長期來講獲利可以更高，我們卻會跟著一起恐慌、一起拋售股票，因為你看到帳面上虧損，那種痛苦的程度比你賺錢時的快樂感受大得多，加上新聞媒體渲染，你就會有種世界末日要來臨的錯覺，以致做出讓你投資賠錢的行為。

「至少要做到別人恐懼時別跟著恐懼。」

如果很難做到別人恐懼時貪婪，別人貪婪時恐懼，巴菲特建議大家至少要做到，別人貪心時，不要跟著一起貪心；別人恐懼時，不要跟著一起恐慌。

也就是說，不要人云亦云、陷入羊群效應。當你看到有人因為虛擬貨幣賺錢、發行 NFT 賺錢，千萬不要盲目跟從，一定要先做好功課，確定自己夠了解再出手也不遲；而看到熊市來了，股市重挫大跌，記得先冷靜下來，理性評估手上的股票採購清單有沒有好的投資機會、好的投資標的到了可以進場的價格，就可以用物超所值的價格買到好公司，這也是千載難逢的時機。

越簡單的道理，往往越不簡單

投資可以很複雜，也可以很簡單，端看你用什麼方式投資，但我始終相信大道至簡，越簡單的方法往往越難做到。就如同我在本書分享的內容，一定會有人覺得怎麼可能這麼簡單，不需要盯盤嗎？不用畫線嗎？不用看技術指標嗎？不用關注新聞媒體嗎？其實真的不必搞得這麼複雜，回歸投資的本質，重點是你有沒有確實做到！

就像身體健康這麼重要的概念，我們都很清楚應該做哪些

事來維持身體健康，不外乎就是早睡早起、飲食均衡、適度運動、保持愉悅的心情之類的。我們都知道要做什麼，但都有確實做到嗎？所以知道歸知道，有沒有做到是另一件事，**知道而沒有做到，等於不知道**。投資也是如此，越華麗的招式不見得一定有用，無聊的方法也不見得全然無用，就像李小龍說過的：「我不害怕練過一萬種踢法的人，但我害怕一種踢法練過一萬次的人！」

　少盯盤、少看新聞，多花點時間研究公司，是我一直想要傳達給大家的觀念。我會在接下來的章節分享如何在生活中找到投資靈感、如何運用 C.O.L.D. 的篩選條件、如何評估公司的五個財報指標、如何幫股票估價、如何做好資產配置，希望大家都可以順利找到屬於自己的冷門鑽石股。而在此之前，我還想跟大家分享新聞媒體在我們投資時會造成多麼深遠的影響。

1-5
看新聞投資若能賺錢，那記者都是有錢人

　　除非你跑到深山裡修行，與世隔絕，否則一定會受到新聞媒體的影響。所以在暢銷理財書《投資金律》中，作者威廉·伯恩斯坦（William Bernstein）就提到，在我們投資時，「媒體」的影響是無遠弗屆的，甚至有點像溫水煮青蛙，你覺得你不會被影響，其實你已經被影響而不自覺。

　　新聞媒體就是有這樣的能力。不管是傳統媒體、平面媒體，還是近幾年興起的網路媒體、社群媒體、自媒體等等，你會發現即使經營這些媒體無法賺大錢，為什麼還是有很多企業、政黨，甚至是國家、個人會選擇經營自己的媒體呢？很簡單，除了可以提升自己的形象、做好公關，大家都知道媒體的厲害之處──如果懂得操控媒體、選擇性報導你想給受眾看到的內容，或是散布一些不實謠言、假新聞、假消息等等，那你就有辦法利用媒體這個工具，將人們洗腦於無形之中，進而達到你想要的目的。

　　因此，我們必須具備**媒體識讀能力**，判斷接收到的訊息可信度多高，而不是盲目地被牽著鼻子走。當然，這個主題需

要花很多篇幅來討論，我也覺得「媒體素養」是現代人必備的能力之一，但本書主要聚焦在投資理財上面，所以我會從這個角度切入，提醒大家在投資時面對新聞媒體要特別注意些什麼。

新聞媒體要的是什麼？

首先，我們要知道新聞媒體要的是什麼，是真相、事實、流量，還是你的眼球？十九世紀《紐約太陽報》的編輯室主任約翰・伯加特（John Bogart）說過：「狗咬人不是新聞，人咬狗才是新聞！」也就是說，一些稀鬆平常、平凡無聊的事件不容易上新聞，新奇、稀有、惹人爭議、不常發生、有話題性的事，才比較容易登上媒體的版面，因為會吸引更多人觀看、關注。所以，**新聞媒體要的就是流量、點擊量**，會想盡辦法吸引我們去看它報導出來的內容，越多人看，媒體公司才會越賺錢。

相信你一定很常聽到新聞媒體都會斷章取義、誇大不實、穿鑿附會等等，甚至某些特定媒體喜歡報導一些八卦、腥羶色的新聞，不為什麼，只因為我們喜歡看這些內容。很多人嘴巴說不喜歡，身體卻很誠實，看到殺人式的標題出現，就會好奇地點進去看到底是什麼，看完又會罵說沒內容，浪費自己一分鐘的時間。但這真的是新聞媒體的錯嗎？其實不

盡然，我們都有責任。與其抱怨這些媒體素質很差，不如先好好自我反省，不要忘了，就是因為大多數人喜歡看這些東西，新聞媒體才會報導；如果我們都不愛看八卦、腥羶色、誇張的新聞，還會有媒體願意報導嗎？

新聞媒體主要的收入來源是「廣告」

媒體背後也是一間公司，只要是公司，就需要營利養活員工。那這些媒體靠什麼賺錢呢？簡單來說就是「廣告」，不管是傳統的報章雜誌、廣播電視，或是最近的網路媒體、社群媒體、自媒體都是一樣的。你可以試想，如果要幫你的商品打廣告找業配，你會怎麼做？除了傳統的發傳單、拍攝廣告影片之外，已經有越來越多的企業主、廠商會找所謂的「網紅」業配，因為這些網紅自帶流量，有死忠粉絲支持，所以他們推薦的商品或服務自然會有粉絲購買。加上現在不同的領域都有不同的網紅，如果你是美妝產品的公司，自然會找美妝相關的 YouTuber 幫你代言或業配，因為美妝 YouTuber 的粉絲自然也會對美妝相關產品有興趣，你可以更精準找到你的客戶，YouTuber 也可以透過業配賺錢。

所以，新聞媒體是在跟你說事實，還是一個故事呢？當然也會有優質、具有公信力的媒體存在，只是比較少而已。我們在投資時一定要特別注意，電視上的名嘴、分析師、

自媒體網紅講的東西，是全面的，還是偏頗的？他們是帶有目的地發表，還是正反兩面都有講到？**投資最重要的是獨立思考**，當你接收到這些訊息時，不要一味地接受，記得去反思、去求證，甚至**關掉這些煩人的媒體，你會發現很多煩惱自然而然地消失不見，對你的生活、你的投資會更有益處**。

財經媒體與基金經理人的曖昧關係

《投資金律》這本書中提到，有一名叫作弗雷德里克・亞倫（Frederick Allen）的記者觀察到，在財經媒體上聽到、看到的內容，99% 以上都是被包裝成報導的廣告。哇，真是令人出乎意料！財經媒體或雜誌常常講的股票標的，你都知道那些公司是做什麼的嗎？有沒有賺錢？如果不知道，為什麼你還敢聽這些消息投資呢？換個角度想，有沒有可能是這些新聞媒體故意釋出消息，讓越來越多人去下單，進而哄抬股價呢？等到股價漲上去，一些內部知情人士就可以趕快賣掉變現，那些傻傻買進的散戶就變成所謂的韭菜。

那麼，這些財經媒體的記者跟基金經理人、股票分析師之間的關係，為什麼會曖昧不明？很簡單，市場上有人看這些財經媒體的新聞去投資，財經媒體的記者就需要產出一些內容給投資人看，但記者並非全部都是財經背景出身，卻又有趕稿的壓力，所以只好跟業內的基金經理人、股票分析師打

好關係，以便獲得源源不絕的寫作靈感；另一方面，基金經理人和股票分析師也明白很多投資人會看財經媒體，所以為了自身的利益與績效，會跟財經媒體的記者維持良好關係，有意無意地提供一些市場消息或看法給記者去寫成新聞。就這樣，一個詭異又曖昧的生態圈循環著，你還認為財經媒體的報導全部都能相信嗎？

新聞媒體報導的內容通常不在你的能力圈內

前面提到，新聞媒體報導的內容大多數是聳動、新奇、不常發生的事，這樣的事情會剛好在你了解的知識圈、能力圈內嗎？大部分都不是。以投資而言，什麼 5G 網路、電動車、環保綠能、虛擬貨幣、NFT，這些「看起來」是未來的趨勢、很棒的投資機會，不過，是你能夠了解的範疇嗎？這值得好好思考一下。

我們會有「我以為我都懂」的錯覺，但其實你不懂。在資訊取得如此方便快速的年代，上網找相關文章、懶人包，看完就搖身一變，成為虛擬貨幣達人、電動車專家之類的，你不覺得滿可笑的嗎？千萬不要這樣過度自信，投資不是比誰聰明、比誰懂得多，而是要投資在你能力圈內的股票、你真的有去研究了解的公司，這才是最重要的。

知名好萊塢演員丹佐・華盛頓（Denzel Washington）說過：**「不看新聞，你會與世界脫節；但如果你看新聞，你會與事實脫節。」**如果無法不看新聞，那也要做到獨立思考，我看過身邊的朋友跟了某網紅的單而賠錢，可是追根究柢，還是自己的責任，自己要為自己負責，不能全部怪罪於網紅、媒體、運氣不好等等。重點是有沒有學到經驗與教訓，避免重蹈覆轍才是應該關注的地方。

❶ 長期而言，投資美股大盤平均年化報酬率 9~10%，台灣大盤約 7~8%，聰明的你應該知道要選擇哪個市場投資。

❷ 美股投資標的就在生活周遭。回想平常用到、吃到、摸到、看到的商品，很多背後都是美股上市公司，我們可以當它們的**股東**，而非只是消費者。

❸ 若要投資美股，建議直接找一家海外券商開戶去投資，摩擦成本比台股低很多。要注意的是，選擇的海外券商最好是 **FINRA** 與 **SIPC** 這兩個機構的成員，比較安全、有保障。

❹ 一般人投資股市賠錢的五大原因：
・把股市當成賭場
・把股市當成老師
・不了解自己在做什麼
・沒有做好資產配置
・被新聞媒體牽著鼻子走

❺ 彼得・林區認為的好公司特質：
・公司名稱或生意模式很無聊卻賺錢的公司
・從事讓人搖頭的生意

・法人機構持股少、分析師很少追蹤的公司
・擁有利基市場
・大家持續購買的東西
・科技的使用者
・內部人士買進自家股票

❻ 股神巴菲特：「企業表現好，股票就會表現好。」

❼ 「當別人恐懼時貪婪，當別人貪婪時恐懼。」巴菲特的這句名言聽起來容易，要做到很難；如果無法完全做到，**至少也要做到別人恐懼時別跟著恐慌。**

❽ 新聞媒體要的是流量、點擊量、吸引你目光的內容，所以請別輕易相信媒體的報導！

❾ 財經媒體與基金經理人其實是共生關係，而不是對立面。

❿ 買賣股票如果只憑新聞媒體的內容做決定，賠錢的風險會大大提升！

第 **2** 章

美股就在你的生活中，
你發現了嗎？

　　講到美股，不要覺得很遙遠、很陌生，其實美股就在生活周遭，等著我們去發掘。

　　你對美股的熟悉程度絕對會令你嚇一跳，原來這些投資標的是我們平常一直接觸的商品或服務。所以是不是更應該當它們的股東，讓這些公司幫你賺錢，累積源源不絕的被動收入呢？

　　在這一章，我會分享四個找投資靈感的方向，希望對你有所啟發，讓你找到更多更棒的投資標的。

2-1 善用媒體，
也能找到投資靈感

　　第一個找投資靈感的方向就是**「媒體」**。讀到這邊，你可能會想要把書闔起來了吧？明明前面才說投資時千萬不要受新聞媒體影響，現在又說要從媒體找投資靈感，這不會前後矛盾嗎？沒錯！如果可以，我甚至希望大家把身邊的新聞媒體都關掉，好好專注當下過生活，但說得容易做起來難，現在人手不只一部智慧型手機，出門沒帶手機就會渾身不對勁，深怕錯過任何一則「重要」通知。所以，與其叫大家切斷與媒體相關的訊息來源，不如好好善用媒體資源，從中找到可以投資的靈感。

新聞媒體的正確使用方式

　　在現在的社會中，新聞媒體充斥著我們的生活，對我們的影響無孔不入，尤其網路媒體更是如此。很多人會因為新聞媒體報導的某個趨勢、常上電視的名嘴或分析師報的明牌、網路上的理財型 YouTuber 分享的標的，就盲目投資，這是

我最不樂見的狀況。投資要對自己負責、要獨立思考，不要把思考外包給你素昧平生的人，他們不會管你的投資績效好不好、賺錢還是賠錢，他們更關心的是這一集節目收視率如何、有多少人喜歡這樣的新聞、有多少流量與訂閱數等等。所以，我個人在看到這種類型的報導或影片時，會選擇「**避開它**」。

當新聞媒體又在罵股神巴菲特年紀大了、選股功力不行了、績效輸給美國大盤、輸給某知名基金、價值投資已死，我們需要破壞式的創新投資等等，我會反其道而行，更關注巴菲特的公司波克夏的股價有沒有因此下跌──如果有受到影響，並且跌到合理價，我就會進場投資！

當新聞媒體、財經節目、社群媒體、論壇、網紅都在談論最近很紅的話題時，我也一樣「避開它」。比如電動車議題、虛擬貨幣、NFT 等，好像是未來的趨勢，但我會特別小心看待，先確認是不是在自己的知識圈、我了不了解這些東西；如果不了解，通常都不會是在自己的知識圈內，那就別碰！就算媒體一直報導有人因此賺到很多錢，那又如何？你要思考的是，新聞媒體不會報導那些賠錢的案例（通常賠錢的更多），**媒體只會選擇性地給你看大家喜歡看的東西**，所以還是那句老話：「避開它！」

每個時代都有其流行趨勢，投資要賺錢，千萬不要落入羊群效應、人云亦云。避開人多的地方、避開那些「看起來」

很賺錢的投資商品、避開讓你賠錢的行為，你才會自然而然地賺錢！

留意每天會用到的媒體平台

我們已經知道新聞媒體的正確使用方式，再來可以留意一下每天會接觸到的媒體平台有哪些，因為這些媒體平台背後也可能是一間間上市公司，比如每天都會滑的 FB（Facebook），背後就是一間美股上市公司 Meta Platforms, Inc.（股票代碼：META）。我知道有人會覺得 FB 是老人才會使用的社群媒體，年輕人都用 IG（Instagram）較多，但 IG 也隸屬於 Meta 這家公司，你不管滑 IG 或 FB，都是同一間公司。

另外，你會用 Google 搜尋嗎？會用 Gmail 收發信件嗎？Google 本身也是一間美股上市公司，公司名稱是 Alphabet Inc.（股票代碼：GOOGL ╱ GOOG）。工作時會不會常用到微軟旗下的軟體，比如 Word、Excel 等？微軟本身也是一間美股上市公司 Microsoft Corporation（股票代碼：MSFT）。

只要願意留心觀察，日常生活中經常接觸的媒體，很多都是很棒的投資靈感！

追劇也可以找到很多投資靈感

再來，可以思考一下平常休閒時經常使用的媒體平台有哪些。

你喜歡追劇嗎？那麼，你都用什麼影音串流平台收看呢？Disney+、Netflix、YouTube，還是其他的平台？像 Disney+ 很明顯就是隸屬於迪士尼（The Walt Disney Company，股票代碼：DIS），Netflix 就是網飛（股票代碼：NFLX），YouTube 的母公司則是前面提到的 Google。

你還可以留意你看的戲劇或電影是哪一家發行商發行的，背後是不是上市公司。比如《玩命關頭》系列電影是環球影業發行的，而環球影業的母公司是康卡斯特集團（Comcast Corporation，股票代碼：CMCSA）。另外，追劇時不要只是關注劇情發展，有時也可留意有沒有贊助商贊助，這些贊助廠商背後是不是上市公司；如果是好公司，你也可以當它們的股東，讓你在追劇的同時，這些好公司也默默地幫你賺錢！

有許多人平常休閒時喜歡看 NBA 籃球賽或 MLB 美國職棒大聯盟的比賽，從中也能找到很多很棒的投資靈感。我最喜歡在看 NBA 球賽時關注球員穿的球鞋品牌，最常看到的是 Nike（股票代碼：NKE）、Adidas（股票代碼：ADDYY）。另外還可以觀察球員的球衣與贊助廠商，尤其是各隊的球衣

贊助廠商，通常繡在左邊胸口，而且每一年都不太一樣，所以不只是看球賽，看那些球員穿的球衣，你也會找到投資靈感。還有，你也可以留意各支 NBA 球隊的主場有沒有哪家公司冠名贊助，比如波士頓塞爾提克的主場多倫多道明銀行花園（TD Garden），就是由多倫多道明銀行（Toronto-Dominion Bank，股票代碼：TD）冠名贊助的。

而我在看 MLB 的球賽時，除了觀察上述地方，還會留意全壘打牆。你會發現上面滿滿的都是投資靈感，很多公司甚至是我們耳熟能詳的品牌。

同樣的方式可以運用在台灣或其他類型的球類比賽，一邊支持你的球隊，一邊找到更多投資靈感。

只要懂得運用媒體平台與內容，找出好的投資標的，讓自己的資產更穩定、更賺錢，我們就不容易被媒體平台影響而不自知，做出短視近利的投資決定。

光是透過「媒體」這個找投資靈感的方向，你就會發現原來有這麼多美股上市公司的產品或服務是我們每天都會接觸到的，一點都不陌生對吧？

接下來，喜歡逛街的朋友有福了，因為「逛街」也可以找到很多很棒的投資標的喔！

2-2 愛逛街，也能找到投資靈感

　　第二個找投資靈感的方向是**「逛街」**，或者你可以想一想平常都把錢「消費」在哪些地方。我們逛街的目的其實也是買自己喜歡或需要的東西，既然如此，**為什麼不把消費行為轉變成投資行為**，當這些公司的股東，在消費的同時，也讓它們幫我們賺錢，何樂而不為？

逛百貨商場可以注意哪些地方？

　　大部分男性朋友對逛街總是興趣缺缺，我也看過有些店家會設置所謂的男友或老公休息區，裡面都是滿臉無奈的男士。但如果這些男士懂得從逛街中找到好的投資靈感，也許就不會這麼無聊了，甚至會增進與另一半之間的感情。

　　要怎麼做呢？很簡單，如果這間百貨公司是第一次去，我會先去一樓服務台索取一份樓層簡介。透過樓層簡介，我可以大概知道各個樓層是賣什麼類型的商品、有哪些品牌，哪些品牌我認識、哪些品牌沒看過，並利用空閒時間以手機查

詢什麼公司有上市、什麼公司未上市。到了各個樓層，我會注意哪些櫃位的消費者最多、生意最好；在每個櫃位逛時，則可以注意什麼商品賣得最好，以及服務人員的態度如何、對自家商品的了解夠不夠深入。透過觀察這些細節你會發現，雖然賣的是同樣性質的商品，某幾個品牌就是賣得比較好，而人潮多、銷量佳，也表示這間公司賺錢的機率高很多。

以智慧型手機為例，除了蘋果手機之外，還有三星、小米、Sony 等等，可是去逛百貨公司時，蘋果手機專賣店的人潮總是比其他品牌還要多。不管你是不是果粉，或者你很討厭蘋果這個品牌，蘋果這間美股上市公司（股票代碼：AAPL）都是一檔值得關注的股票。你身邊的親朋好友或許很多都使用蘋果的相關產品，在他們消費的同時，如果你是蘋果的股東，相信你會非常開心。

有時不管買什麼商品，背後都是同一間公司

在逛百貨公司的化妝品或精品的樓層時，有時你會發現一個驚人的事實：原來這些品牌背後都是同一間公司！

比如雅詩蘭黛（The Estée Lauder Companies, Inc.，股票代碼：EL）這間化妝品公司，百貨商場的化妝品樓層看似有各種品牌可供消費者挑選，殊不知竟然有將近一半品牌的母公司都是雅詩蘭黛，像是倩碧（Clinique）、MAC、海

洋拉娜（La Mer）、芭比波朗（Bobbi Brown）、品木宣言（Origins）、DKNY、Aveda……不勝枚舉，怎麼買都是雅詩蘭黛的。

精品樓層也是如此。全世界最大的精品集團當數路易威登（Louis Vuitton，股票代碼：LVMUY），也就是我們熟知的LV，旗下品牌跨領域，除了LV，還有迪奧（Dior）、羅威（Loewe）、芬迪（Fendi）、紀梵希（Givenchy）、泰格豪雅（TAG Heuer）、軒尼詩（Hennessy）等；2021年，LV併購了美國珠寶商蒂芙尼（Tiffany & Co.），更是加強了LV在時尚精品界的地位。如果這種類型的大集團你都沒有興趣投資或納入股票觀察清單，那還有什麼更好的公司可以吸引你當股東呢？

民生消費必需品所在地：超市賣場

除了百貨商場，各類超市賣場也是我們常去消費的地方，而且去那邊購買的通常是生活中會用到的東西，也就是所謂的民生消費必需品。民生消費必需品背後其實也有很多美股上市公司，而且**這種類型的公司最不容易受到景氣循環、金融海嘯、戰爭或疫情的影響**，因為不管發生什麼事，生活在這個地球上都會需要這些東西。

你可以從早上睡醒時用到的產品開始回想，比如刷牙用

的牙膏品牌、洗臉用的洗面乳、身上穿的衣服、手上戴的手表、三餐吃的食物、喝的咖啡、清潔用品等等，找看看這些產品背後有沒有上市公司，可以納入你的股票觀察清單。這麼做的好處是你比較熟悉這些公司，畢竟平常就在使用這些商品了。投資在你了解、熟悉的公司，是一件很重要的事。

另外，為家用品補貨時，也可以思考常去的賣場或網購平台是不是可以投資的上市公司，比如美式賣場好市多（Costco，股票代碼：COST）。好市多是不管什麼時段進去消費，你都會覺得客人很多，排隊結帳都要等很久，心情就會開始煩悶，但如果你是好市多的股東，還會這樣想嗎？不會，你反而會很開心，因為他們都在幫你賺錢，客人越多你越開心！這就是一般消費者與股東最大的差別。

去超市賣場消費時，我通常會觀察各類商品的熱賣程度，看看沐浴乳的貨架上哪個品牌最空、巧克力大家最愛買哪一個品牌，甚至會去看商品的製造廠商是否為上市公司。排隊結帳時，也會觀察其他人的購物車，看他們大多是買哪些商品、哪些品牌，如果大部分顧客都買同一品牌的商品，就意味著這個品牌賺錢的機率很高，我會更有興趣去研究其背後是否為上市公司、要不要納入我的股票觀察清單。

如果是使用網路購物平台，除了可以看看平台本身有沒有上市，平台上的熱銷排行榜也能觀察到哪些商品是消費者的最愛。另外有個重點要提醒：**千萬不要將個人喜好投入這些**

朋友多，
也能找到投資靈感

　　找投資靈感的第三個方向，就是「**朋友**」。我先聲明，不是要你找親朋好友問他投資了什麼股票或金融商品、有沒有賺錢，有賺錢就跟單，絕對不是這樣，請不要誤會！這裡說的「朋友也是找投資靈感的方向」，指的是在跟家人朋友相處、聊天、聚餐或旅遊時，也能找到許多投資靈感喔。

跟親友邊旅遊邊找上市公司

　　先從旅遊開始吧！不管是國內旅遊還是國外旅遊，我們都會事先規畫行程，訂機票、住宿、租車等等，那你知道這些訂房網站或平台背後也是一間間上市公司嗎？如果你常使用 Booking.com 或 Agoda 訂飯店或機票，其實它們背後都是同一間上市公司 Booking Holdings（股票代碼：BKNG），旗下還有 Priceline、Kayak、Rentalcars.com、OpenTable 等品牌，都是你旅遊時可能會接觸到的平台。

　　倘若你是用 Trivago 或 Hotels.com，背後還是同一間上市

公司：智遊網集團公司（Expedia Group, Inc.，股票代碼：EXPE），旗下還有 Expedia.com、Travelocity、Orbitz.com 等品牌。你會發現，旅遊網站平台的選擇看起來很多，但背後就那幾家公司而已，怎麼挑都很容易挑到同一家上市公司。既然如此，何不把這些上市公司納入你的股票觀察清單呢？

如果你是選擇自由行，在人生地不熟的地方，大多數人會使用 Google Maps 來導航——你看，這裡又出現了美股上市公司 Google。我們才在前面的章節 2-1 提到，工作和生活中都會用到 Google，現在就連旅遊的時候，我們還是會用到它，這種無所不在的公司要說它不賺錢，我想難度滿高的。而且現在也滿多人會使用 Google Maps 搜尋飯店與評價，來決定是否預訂，每個人的手機裡應該都會安裝這個 App。既然都在使用這些功能，不如也來當它的股東吧！

跟親友聚餐也能找到投資靈感

每次跟家人朋友去餐廳吃飯，除了點餐，我也會觀察餐桌上擺放的調味醬料背後是不是可以投資的標的。比如美式餐廳很常出現的亨氏番茄醬，背後的公司就是卡夫亨氏（The Kraft Heinz Company，股票代碼：KHC）；有些餐廳的黑胡椒粒，則是味好美（McCormick & Company, Inc.，股票代碼：MKC）這間上市公司的產品；如果是愛吃港式餐廳，餐肉

蛋飯、餐肉蛋吐司使用的午餐肉，背後則是荷美爾食品公司（股票代碼：HRL）。

所以在享受美味佳餚的同時，若能留心觀察，真的不乏美股上市公司可以投資。你也不用特地去尋找，**只要多點好奇心，生活處處是驚喜、處處是投資標的**。

切勿盲目跟單、隨波逐流

最後要特別提醒一件事：跟家人朋友、同事相處時，有時難免會在聊天的過程中聽到一些投資機會，但在你不確定、不了解的狀況下，千萬不要貿然投資，也不要看到朋友因此賺錢，就跟著起了貪念，甚至產生「錯失恐懼症」（Fear of missing out，簡稱「FOMO」，也稱社群恐慌症。根據維基百科的說明，這是指因自己不在場而產生不安與持續性焦慮，患者總覺得自己不在時可能發生非常有意義的事）。要記得，別人投資賺錢，不表示你也一樣會賺錢，別一窩蜂地去投資未來的趨勢、未來的潮流。請具備獨立思考能力，人多的地方不要去，投資不是比賽，不需要跟他人比較。

如果聽到什麼新鮮的投資商品，請不要衝動，記得先做功課，確認這是不是在你的知識圈與能力圈內（通常都不是）。再棒的投資機會都不要押身家進去，做好資產配置更重要！我會在章節 5-4 進一步分享資產配置相關概念，總之，要專注

在風險上，如果有朋友硬要叫你投資，可以適時轉移話題，或找其他事情轉移他的注意力。

有一句諺語是這麼說的：「在家靠父母，出外靠朋友。」如果可以透過家人、朋友找到許多值得投資的標的，除了可以鞏固彼此的感情、促進良好的關係，也能擴充自己的股票觀察清單，進而提升投資績效，真是雙贏的局面啊！

跟對大師，
也能找到投資靈感

正所謂「好的老師帶你上天堂，不好的老師直接帶你住套房」，天堂與套房只有一線之隔，就看你選擇什麼樣的老師。在尋找投資靈感時，可以參考投資大師到底買進了什麼類型的股票，其中有沒有你也認識並了解的公司，如果有，就可以納入你的觀察清單囉！

到 13F 持倉報告找靈感

那麼，要如何才能看到各個投資大師的持股清單呢？很簡單，可以透過「13F 持倉報告」看到。

大家不要誤會，13F 不是十三樓的意思，我先簡單說一下什麼是 13F 持倉報告。美國證券交易委員會（United States Securities and Exchange Commission，縮寫：SEC）規定資產管理規模超過 1 億美元的投資機構經理，必須在每個季度結束後的四十五天內提交季度報告，這份報告就是所謂的 13F 報告，或稱為 13F 表格。報告中要公開其持有的股權狀況

（股票、ETF、選擇權、美國存託憑證 ADR）與相關資金去向，目的是為了讓美國大眾了解國家最大的機構投資者持股情況，當時的立法者認為，這可以增加投資人對國家金融市場完整性的信心。被視為投資機構的公司，包含共同基金、對沖基金、信託公司、養老基金、保險公司、投資顧問公司等。

　　一般而言，大家比較關注的機構有巴菲特的波克夏‧海瑟威、索羅斯基金、橋水基金、摩根大通、貝萊德等，你可以選擇自己想看的機構去查詢。查詢的方式也很簡單，直接用「機構名稱＋ 13F」去 Google 搜尋，就可以找到很多相關網站在統計這些資料。

　　你可以選擇去自己習慣使用的網站查詢，但不管是中文或英文網站，資料都是從美國 SEC 官方網站抓出來的，網址是：www.sec.gov。如果遇到數據資料異常的時候，記得回到數據源頭去確認，雖然 SEC 網站的使用體驗不是很好，但還是要知道這些數據從哪裡來的。

　　接下來，我會分享我習慣去哪幾個網站看投資大師的持股狀況。

我常使用的 13F 持倉報告網站

中文網站：財經 M 平方（macromicro.me）

　　先分享看 13F 報告的中文網站。可以到「財經 M 平方」網

站的「全球觀測站」單元，點選「13F 機構持倉」（或直接輸入網址：macromicro.me/13f）。進入之後，左上角有一個下拉式選單（如圖 2-4-1），上面有預設幾個比較知名的投資機構供你點選。

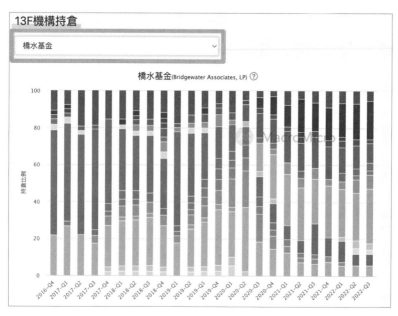

▲ 圖 2-4-1（資料來源：macromicro.me）

比如點選波克夏・海瑟威，相關的持股資料就會跑出來了（如圖 2-4-2）。

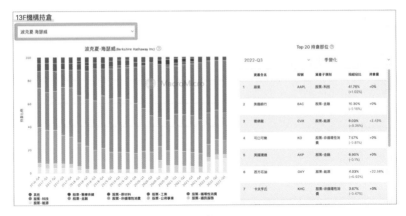

▲ 圖 2-4-2（資料來源：macromicro.me）

　　目前這個網站可以看到最近五年的持股變化，而且頁面左邊用圖表的方式呈現，並將該機構的持股以產業分類，滑鼠游標移過去，還能看到各個季度各類股票占比變化，非常適合習慣圖像化思考的人；頁面右邊則以條列方式呈現，列舉了前二十名持倉部位，一樣會顯示股票代碼、產業類別、占投資組合的比例，適合習慣看文字的人。我個人主要會關注「資產」這個欄位，看看知名投資機構都買了哪些股票、有沒有我熟悉或認識的公司，如果有，就會納入我的觀察清單。

英文網站：Whalewisdom（whalewisdom.com）

　　我常看的 13F 持倉報告英文網站，則是 Whalewisdom。不要看到英文就一個頭兩個大，你可以善用 Google 的網頁翻

譯功能，而且到這個網站主要是查詢投資大師的機構持股清單，幫助我們找靈感，別擔心，操作方式很簡單的。

首先到這個網站的首頁，在網頁上方的搜尋列輸入你要查詢的投資機構英文名稱。以巴菲特的波克夏·海瑟威為例，在搜尋列輸入「Berkshire Hathaway」，然後點選第一列的「Filer: Berkshire Hathaway」──記得要點選下方有標注「Last 13F Filed on XXXX-XX-XX」最新更新日期的 13F 報告（如圖 2-4-3）。

▲圖 2-4-3（資料來源：whalewisdom.com）

點入之後，就可以看到總覽頁面。我個人習慣看框起來的這兩個部分（如圖 2-4-4）：「Top Buys」本季買入股票前五名，以及「13F Holdings Summary」持股總覽。你也可以點選「See All Holdings」，它會按照波克夏投資組合比例，由高到低列出全部的持股清單，從中也可以找到一些靈感喔！

總覽頁面（圖 2-4-4）右下角一樣有視覺化的圖表可以參考。不同於上述中文網站只能看預設的幾間投資機構，這個英文網站的好處是可以自行輸入想要看的投資機構英文名稱，去搜尋該機構的 13F 報告。

▲ 圖 2-4-4（資料來源：whalewisdom.com）

除了巴菲特，我還會關注的投資機構

雖然看巴菲特的持股清單或許已經足夠了，畢竟被尊稱為股神，他的選股功力確實值得好好學習，不過還有其他的大師或投資機構可以參考。

接下來，我就列舉幾個我也會參考的投資大師所屬機構，它們的 13F 報告也是我找股票靈感的來源。

橡樹資本管理公司（Oaktree Capital Management）

這間公司的創辦人之一是霍華・馬克斯（Howard Marks），他的著作《投資最重要的事》堪稱價值投資者必讀的經典，連股神巴菲特也讀了兩遍；他只要發布最新的備忘錄，巴菲特也會特別留下時間閱讀。連巴菲特都認證的價值投資大師，他所屬的資產管理公司持股狀況，當然值得我們觀察，看看有沒有值得投資的標的。

喜馬拉雅資本（Himalaya Capital）

這間避險基金大家可能有點陌生，但它的創辦人李祿差一點成為股神的接班人，也是巴菲特的副手、波克夏副主席查理・蒙格家族財產的管理人。李祿在 2008 年向波克夏推薦中國的電池及汽車製造商比亞迪，讓波克夏獲利高達 12 億美元，如此厲害的人物，讓我想要參考他的持股狀況，並從中獲得一些股票靈感。

Scion Asset Management

這間基金公司的創辦人，就是電影《大賣空》主角的原型麥可・貝瑞（Michael Burry），他是成功預測 2008 年金融海嘯的投資者之一。雖然曾經成功預測金融海嘯不代表每次都會預測中，我們還是可以參考他買了哪些股票，看看有沒有你熟悉的公司。

想要查看上述投資機構的持股狀況，可以到前面提到的 Whalewisdom 這個網站輸入機構的英文名稱；如果有其他想要查詢的投資機構，也可以依樣畫葫蘆。重點不是盲目跟單，而是用來協助自己尋找靈感，請大家特別注意喔！

查詢大師持股清單的網站

　　最後再介紹一個我很常使用的網站：GuruFocus（gurufocus. com）。這個網站我最常用來查詢巴菲特本季買了什麼股票、平均價格多少，操作方式也很簡單：進入 GuruFocus 首頁後，在左上方的搜尋列輸入「Warren Buffett」，點選下面的「Stock Picks」（如圖 2-4-5）。

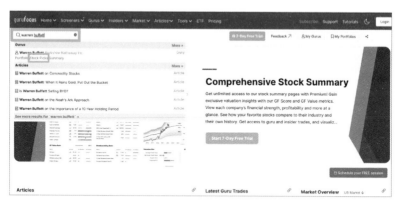

▲圖 2-4-5（資料來源：gurufocus.com）

然後就可以看到巴菲特買賣股票的清單（如圖 2-4-6）。

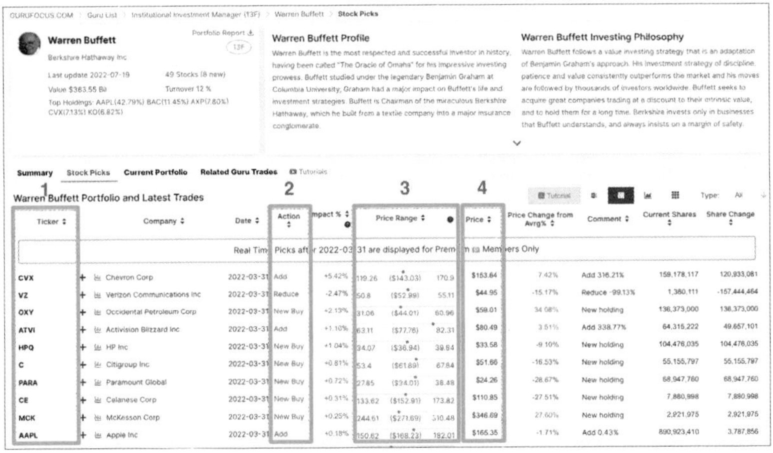

▲ 圖 2-4-6（資料來源：gurufocus.com）

通常我只會看框起來的這四個地方：第一個是股票代碼（Ticker）；第二個是巴菲特本季是買或賣這支股票（Action），綠色是買入、紅色是賣出，我只會關注買的部分，因為賣股票的理由五花八門，可能是急需用錢，也有可能是在調整資產配置，所以我比較關心巴菲特這次買了哪些股票；第三個是這一季的平均買入價（Price Range），可以看框框中的藍點，我會把這個平均價格當成巴菲特對這支股票的估價，既然股神願意用這個價格買，某種程度也是一個不錯的估價方式，有機會也可能買得比巴菲特便宜；第四個就是現在的股價（Price）。

其他欄位如果你想研究或了解都可以，只是我個人會專注在以上四個地方，畢竟這是找靈感用的，不必花太多時間在上面。

工欲善其事，必先利其器！這一章介紹的中、英文網站，相信對大家會很有幫助，而且都是可以免費使用的，也希望這些網站可以一直讓人免費使用下去。當然網站一定會定期更新、優化，但操作的流程、邏輯是不變的。另外，有些網站會一直跳出通知要你加入會員、免費試用等等，就看你願不願意成為網站的付費會員，不過如果只是要找股票靈感，這些免費功能就夠用了。我個人是不會付費，但每個人的需求不同，你可以先思考自己需要的功能是什麼，再去評估要不要付費使用。

✔ 本章學習重點

❶ 小心最近流行的趨勢、話題或常在新聞媒體上看到的投資機會，如果可以，**請避開它！**

❷ 留意每天會使用的媒體平台，如 Google、FB、Disney+ 等，它們背後很有可能是好的投資機會。

❸ 逛街血拚之餘，可以留意各大百貨商場的專櫃、品牌、賣場販售的商品等，背後都是一間間美股上市公司。

❹ 跟家人朋友聊天、遊玩時，一樣可以發掘很多好的投資靈感，但請獨立思考，切勿盲目跟單！

❺ 跟隨大師找靈感常用網站：
・中文網站：
財經 M 平方（macromicro.me/13f）
・英文網站：
whalewisdom.com
gurufocus.com

第 **3** 章

─────

獨創C.O.L.D.篩選系統，
篩出你的冷鑽股

上 一章分享了如何在生活中找到投資股票的靈
感，希望大家都有找到很多值得觀察的目標。

　　在進入評估與估價之前，我想再分享一個我認
為可以找到冷門鑽石股的選股心法：C.O.L.D. 篩選
系統。這四個字母分別指的是：Capitalization 市
值、Ownership 內 部 人 士、Liquidity 流 動 性、
Dividends 股息。接下來我會一一講解如何設定各個
條件，最後也會提到股息成長的概念。

Capitalization 市值：
避開樹大招風的公司

　　每間上市公司都可以計算出所謂的市值，因此可以把市值大小當成篩選條件，避開那些樹大招風、常常上新聞的公司。

　　在分享市值的篩選條件之前，為了避免有些人對市值的概念一知半解，所以先來了解什麼是市值。

什麼是市值？

　　市值指的是一間上市公司在證券市場的價格總值，也就是你今天想要把這間公司全部買下來需要花多少錢，這筆錢就是這間公司的市值。市值的計算公式也很簡單：公司的流通股數 × 當前的股價。因為牽涉到當前的股價，所以市值也是跟著股價而變化，但我們通常不會每天去計算一間公司的市值，因為意義不大，原則上定期統計一次就可以了。

　　用白話一點的方式解釋就是：**市值越大，通常代表這間公司的規模越大；市值越小，公司的規模也會比較小。**如果把一間公司視為人來看待，每個人的身價不同，市值越大的公

司，可以想成這間公司的身價越高。

投資股票的時候，透過檢視這檔股票的市值，就可以快速了解這間公司的規模大小，但這不是唯一要參考的指標。

從新聞媒體的角度思考公司市值大小

了解市值的概念之後，就可以站在閱聽人的角度去思考一件事：規模大的公司比較常上新聞，還是規模小的公司？我想答案應該顯而易見，十之八九是規模較大的公司。為什麼呢？因為大眾認識大公司的機率一定高於小公司，新聞媒體要報導大家都知道的公司，才會有收視率與點擊率，報導太冷門、無人知曉的公司可能沒什麼人要看，對新聞媒體沒有好處。

想通這一點之後，再站在新聞媒體的角度思考：如果你今天要報導以下兩間公司的新聞，你會選擇圖 3-1-1 的 A 公司，還是圖 3-1-2 的 B 公司？

▲ 圖 3-1-1，A 公司 (圖片來源：Dreamstime)　▲ 圖 3-1-2，B 公司 (圖片來源：Dreamstime)

我想應該毫無懸念，會選擇 A 公司吧？A 是蘋果公司，它除了是眾所皆知的美股上市公司之外，以市值而言，統計至 2022 上半年為止，蘋果更是全世界市值排名第一的公司，大約是 2.85 兆美元（約新台幣 83 兆），所以報導蘋果公司的新聞，哪怕只是件雞毛蒜皮的事都會有很多人想看。

那圖 3-1-2 的小型雜貨店呢？它發生什麼事，可能只有附近的鄰居比較有興趣知道，一般社會大眾不會想要了解默默無名的雜貨店有什麼新鮮事，除非有名人很喜歡去那裡消費，才有上新聞的機會。

因此我們可以利用新聞媒體這樣的特性，去找出中、小型市值的公司，看看有沒有被低估又默默賺錢的好公司可以投資。但是請特別注意，**尋找中、小型市值的公司，不代表不能投資市值大的公司**，只是市值大、規模大的公司比較容易上新聞，而容易上新聞的公司，股價較容易受到市場大眾的情緒影響，波動比較大，我們就容易以被炒作到很高的價格買到。有鑑於此，我會在討論流動性的章節 3-3 分享如何找到目前不那麼熱門、市值或許也很高的股票。切記，這只是第一個篩選指標而已喔！

涵蓋美股 90% 市值的 S&P 1500 指數

要如何透過中、小型上市公司找投資靈感呢？先來認識一

個指數，叫作「S&P 1500」，這個指數乍聽或許有點陌生，但 S&P 1500 裡面包含了 S&P 500、S&P 400 及 S&P 600——S&P 500 比較廣為人知，它是標準普爾 500 指數，美國前五百大公司，常被稱為美國大盤的指標；在 S&P 500 之後，其實還有代表中型公司的 S&P 400 指數，以及較小型公司的 S&P 600 指數。

美股上市公司有八千多支標的，如果沒有太多時間一支一支去分析，那建議先從 S&P 1500 裡的一千五百支股票去分析，因為這一千五百支股票就涵蓋了整個美股市場將近 90% 的市值，可以讓你更有效率，省下不少時間。

可以找到中型公司的 S&P 400

如果想要花點時間找到冷門鑽石股，不妨先從中型股指數的 S&P 400 開始。入選這個指數的成分股規則，是市值最低 9.6267 億美元，最高 118.8543 億美元，中值則為 38.7488 億美元。因為指數不能直接投資，如果要從中尋找靈感，建議**從對應的 ETF 成分股來協助找到標的**。

對應 S&P 400 的 ETF 選擇滿多的，我個人習慣用「IVOO」這檔 ETF 作為靈感來源。操作方式如下。

1. 到 Google 搜尋「ivoo etf holdings」。
2. 通常搜尋結果第一筆會是發行這檔 ETF 的官網，點擊連

結進入。

3. 將頁面一直往下拉，找到「Holding Details」（如圖 3-1-3）。

Ticker	Holdings	CUSIP	SEDOL	% of fund	Shares	Market value
TRGP	Targa Resources Corp.	87612G101	B5SPZY3	0.72 %	296,337	$20,479,850
CSL	Carlisle Cos. Inc.	142339100	2176318	0.70 %	67,199	$19,897,624
STLD	Steel Dynamics Inc.	858119100	2849472	0.64 %	233,004	$18,146,352
EQT	EQT Corp.	26884L109	2319414	0.60 %	384,260	$16,918,968
FICO	Fair Isaac Corp.	303250104	2330299	0.55 %	33,706	$15,573,183
FHN	First Horizon National Corp.	320517105	2341484	0.55 %	695,234	$15,545,432
WTRG	Essential Utilities Inc.	29670G102	BLCF3J9	0.55 %	299,253	$15,543,201
SCI	Service Corp. International/US	817565104	2797560	0.54 %	206,329	$15,363,257
RS	Reliance Steel & Aluminum Co.	759509102	2729068	0.54 %	80,524	$15,319,691
HUBB	Hubbell Inc. Class B	443510607	BDFG6S3	0.54 %	69,748	$15,276,207

▲圖 3-1-3（資料來源：investor.vanguard.com）

這時就會看到這檔 ETF 的成分股有哪些。你可以一間一間去看，先把你認識、了解的公司記錄下來，也可以善用 Google，去搜尋你對這些公司的認識程度有多深。切記，不要找你完全不認識的公司，因為這就不在你的知識圈內了，要投資在自己了解的公司。

可以找到小型公司的 S&P 600

最後來看一下小型股指數的 S&P 600。要被納入這個指數的成分股，股票總市值要在 8.5 億美元至 36 億美元之間。同樣地，可以從對應的 ETF 來找投資靈感。

我個人習慣用 VIOO 這檔 ETF 作為靈感來源，操作方式和前面大同小異。

1. 到 Google 搜尋「vioo etf holdings」
2. 通常搜尋結果第一筆會是發行這檔 ETF 的官網，點擊連結進入。
3. 將頁面一直往下拉，找到「Holding Details」（如圖 3-1-4）。

VIOO Vanguard S&P Small-Cap 600 ETF ⬤ Buy ⬤ Compare

| Overview | Performance & fees | Price | **Portfolio composition** | Distributions | Fund management | Fund literature |

Holding Details
as of 07/31/2022

Equity　Fixed income　Short-term reserve　Portfolio composition file

Ticker	Holdings	CUSIP	SEDOL	% of fund	Shares	Market value
ADC	Agree Realty Corp.	008492100	2062161	0.64 %	331,091	$26,351,533
UFPI	UFP Industries Inc.	90278Q108	BMQ60Q1	0.62 %	276,370	$25,484,078
EXLS	ExlService Holdings Inc.	302081104	B07LST0	0.60 %	146,651	$24,691,629
LNTH	Lantheus Holdings Inc.	516544103	BP8S8J5	0.56 %	302,372	$23,197,980
EXPO	Exponent Inc.	30214U102	2330318	0.56 %	228,282	$22,940,058
ROG	Rogers Corp.	775133101	2746700	0.54 %	82,516	$22,217,433
SM	SM Energy Co.	78454L100	2764188	0.54 %	536,922	$22,164,140
AMN	AMN Healthcare Services Inc.	001744101	2813552	0.54 %	197,011	$22,151,917
HP	Helmerich & Payne Inc.	423452101	2420101	0.52 %	463,933	$21,480,098

▲ 圖 3-1-4（資料來源：investor.vanguard.com）

還是要再次提醒，從清單中找到你認識、了解或有興趣的公司即可，這只是第一個篩選方法，後面還會介紹其他方式，不用太氣餒，也不要太貪心。

　　其他對應這些指數的 ETF 能不能參考，沒有標準答案，投資經驗多了，你自然會有自己習慣的方式。上述網站也會不定時更新，版面配置可能會跟書裡的圖片有所不同，但邏輯是一樣的，而且網路上也有許多其他網站可以看到這些 ETF 對應的成分股，所以不用太擔心，多多練習找到自己的冷門鑽石股，才是最重要的。

3-2 Ownership 內部人士：跟公司管理層一起當股東

　　如果你今天創業開公司，公司也經營得有聲有色，身為公司元老的你會不會想要持有更多股份呢？在不缺錢的情況下，答案通常都是肯定的；反之，如果公司的高層和管理層都不願意持有自家公司的股票，即使這間公司再賺錢，恐怕也是曇花一現，難以維持下去。

　　我在章節 1-3 就特別提到彼得‧林區認為的好公司特質有哪些，其中第七點「內部人士買進自家股票」有講到，如果公司的管理層持有股票，那麼股東權益就會成為優先考量因素；假如公司的管理層沒有持有股票或持股比例很少，那他們只會關心自己調薪的問題，畢竟這些經理人也是領薪水的，能領到多少薪水才是他們關心的事。

　　不只是高層或管理層，一般員工也是如此。大家可以試著回想，平常我們在工作時總是盼望薪水、獎金、分紅領得越多越好，至於公司未來的發展、能不能永續經營，好像跟我們無關，因為我們抱持的是「員工」心態，而非「股東」心態。所以你會很常聽到某公司的業務員為了衝業績、拿獎

金，做了一些有損公司聲譽或遊走法律邊緣的事，長期而言，對公司的發展絕對不是一個好現象。那如果公司的高層或管理層既是公司的員工，也是公司的股東，他們在規畫與執行公司營運的各種政策時，就會站在股東的角度思考，也會為了公司整體利益著想，為了公司的長遠目標考量，因為公司能持續賺錢，股東才能持續領到分紅！

內部人士持有比例多少算高？

那麼，投資的時候可以看什麼指標，來判斷這間公司的高層或管理層持有自家公司股票的比例是高還是低呢？可以透過「內部人士持有比例」（Insider Ownership）這個指標來了解公司內部人士的持股比例狀況。這個比例要多高才算好？如果是要投資美股市場，由於美股上市公司基本上都是大公司，而且美股的交易量也非常高，幾乎全世界的人都會到美股市場交易，所以**內部人士持有比例有1%就已經很多了，5%以上算是很高的標準**。若要在美股市場找冷鑽股，內部人士持有比例一開始先以1%為基準即可。

請記住，這個比例不是越高越好，這個邏輯只是用來幫助我們找到投資靈感。投資不是非黑即白的考試，要經過自己的判斷與思考，再決定要不要將找到的股票納入觀察清單。

股票篩選器網站：Finviz

　　實務上要怎麼找到內部人士持有比例有 1% 以上的股票呢？很簡單，可以去一個非常厲害的股票篩選器網站：Finviz（finviz.com）。

篩選內部人士持有比例方法①

　　進入這個網站，找到「Screener」，然後再點選「Fundamental」，就可以在左下角看到「Insider Ownership」（如圖 3-2-1）。

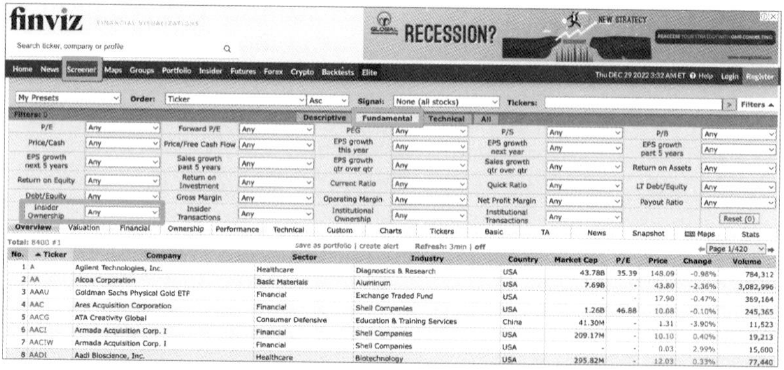

▲圖 3-2-1（資料來源：finviz.com）

　　點入「Insider Ownership」，你會發現沒有大於 1% 的選項可選。沒關係，先嚴格一點，選「Over 10%」，以「大於10%」這個條件去篩選（如圖 3-2-2）。

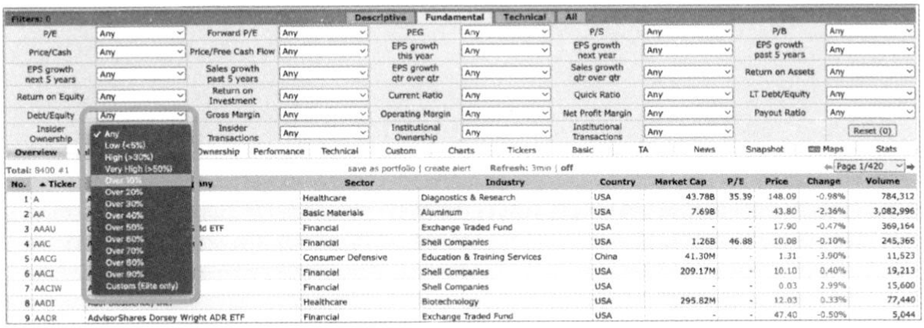

▲圖 3-2-2（資料來源：finviz.com）

　　篩選出來的公司剩下一千三百間左右。再來，我習慣在最右邊的「Volume」（成交量）點兩下，讓成交量由大到小排列，因為成交量太小的我也不喜歡（如圖 3-2-3）。

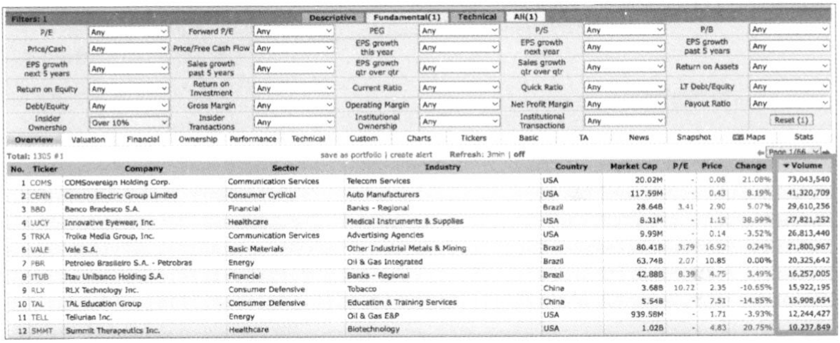

▲圖 3-2-3（資料來源：finviz.com）

　　做完以上動作後，就可以得到篩選出來的股票代碼與公司名稱清單。你可以依序去看一下這些股票有沒有你認識的公司，如果有，就可以納入你的股票觀察清單，沒有就直接跳過，不必留戀。根據我的經驗，大多數公司我們應該都不認

識，但也不用氣餒，畢竟要挖到鑽石也不是一件容易的事。
此外，你也可以嘗試用其他的篩選指標試試看。

篩選內部人士持有比例方法②

我知道一定會有人想要找到內部人士持有比例 1% 以上的
清單，不用擔心！山不轉路轉，路不轉人轉，既然內建的篩
選條件沒有大於 1% 的選項，我們可以從另外一條路徑去看。

一樣先到 Finviz 網站，點選「Screener」，然後在中間偏上
的地方找到「Ownership」（如圖 3-2-4）。

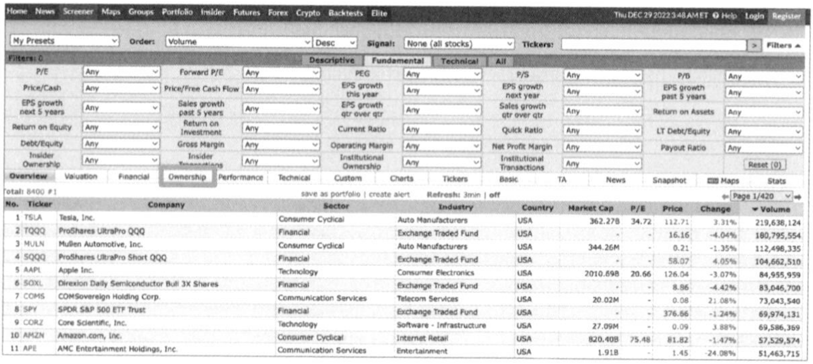

▲ 圖 3-2-4（資料來源：finviz.com）

點選之後，就可以看到清單上方多了一列可以排序的指
標，我們要找的是「Insider Own」（如圖 3-2-5）。點下去之
後，就可以按照 Insider Ownership 比例，由大到小或由小到
大排列，依據自己的喜好調整。

Filters: 0														
No.	Ticker	Market Cap	Outstanding	Float	Insider Own	Insider Trans	Inst Own	Inst Trans	Float Short	Short Ratio	Avg Volume	Price	Change	Volume
1	YPF	6.66B	393.24M	193.36M	99.50%	0.00%	50.80%	3.56%	4.66%	4.23	2.13M	9.09	2.83%	2,585,412
2	BBAI	82.36M	126.27M	4.27M	96.62%	-0.02%	2.40%	-31.48%	12.29%	0.46	1.14M	0.65	-9.12%	178,699
3	SCLX	477.78M	13.18M	5.30M	96.20%	0.00%	9.20%	-10.91%	0.84%	0.68	66.10K	3.49	21.60%	12,351
4	XCUR	6.53M	4.96M	3.60M	96.01%	169.53%	14.50%	-1.45%	2.21%	0.36	218.38K	1.16	-6.45%	108,466
5	LTRPB	131.95M	3.37M	0.14M	95.72%	1.97%	0.65%		0.49%	0.08	8.81K	26.70	-1.48%	6,548
6	HOUR	94.75M	33.30M	1.73M	95.06%	0.00%	0.60%	-0.48%	4.12%	3.32	21.46K	2.76	-6.12%	24,912
7	MONO	821.97M	72.46M	10.04M	93.70%	0.39%	12.60%	-50.08%	0.47%	1.31	36.36K	9.95	-2.64%	26,388
8	UI	16.09B	60.43M	4.14M	93.15%	-0.09%	3.90%	-9.97%	8.37%	5.63	61.52K	265.17	-2.42%	119,686
9	EVEX	1.89B	248.99M	19.65M	92.57%	0.00%	8.00%	222.95%	0.81%	4.55	35.06K	7.20	0.70%	10,663
10	VHI	597.15M	28.50M	2.39M	91.55%	0.00%	4.90%	12.67%	4.08%	3.89	25.09K	21.93	-1.75%	31,922
11	AGBA	109.56M	4.74M	3.86M	91.30%	0.00%	3.70%	0.52%	1.10%	0.21	206.87K	1.61	-5.85%	12,622

▲ 圖 3-2-5（資料來源：finviz.com）

　　雖然第二個方法比較花時間，但可以看到幾乎全美國上市公司內部人士持有比例大於 1% 的股票清單，可以慢慢挑選，不怕有漏網之魚。

　　同樣地，網站都會不定期更新，美股上市公司的數量也會慢慢增加，所以上述截圖數據僅供參考，請以你當下看到的數字為準。

　　上面兩個方法都可以找到內部人士持有比例大於 1% 的清單，沒有哪個方法比較快或比較好，你可以依照自己的需求去調整與優化。Finviz 這個網站一樣可以免費使用，至於要不要成為付費會員，就看你平時的使用習慣。我個人是沒有付費，你也可以先試用一段時間再決定也不遲喔！

3-3 Liquidity 流動性：有智慧地反其道而行

　　這個章節要討論如何透過股票的流動性找到冷門鑽石股。開始之前，先來了解一下什麼是「流動性」。

　　根據維基百科的說法，流動性指的是資產能夠以合理價格順利出售的能力。所以流動性越高，對買賣雙方越好，因為他們成交的價格可以越合理，成交時間也可以越快速，買賣雙方達成共識的時間也隨之縮短。

股票成交量是高好，還是低好？

　　回到股票市場，流動性放在股市裡，可以用股票的成交量來看待。如果股票成交量較高，通常表示市場上有很多人都在交易這檔股票，其買賣金額會較為合理，變現速度也會比較快；但如果交易量很低，有可能是很少人在交易這檔股票，買賣雙方要取得共識就會比較困難。而且，股票交易量太低的話，會出現以下三種情況。

一、買賣價差容易過大

要買一支股票的時候，一定要是賣方願意賣股票，才會有交易行為。舉個例子：今天我想花 10 元買 A 股票，但賣方很貪心地說，他只願意用 100 元賣。你看，買方出價 10 元，但賣方出價 100 元，這中間有 90 元的價差，如果市場裡只有小貓兩三隻在出價，就容易淪為喊價喊好玩，甚至出個芭樂價，看誰會掉入陷阱。如此大的價差，也意味著買賣雙方的共識很低，而共識太低，很有可能就會僵持在那裡，誰也不願退一步。

二、買賣雙方的成本不漂亮

如果買賣雙方的價差太大，除了容易僵持不下，也會使得雙方的取得成本不佳。一樣用上述例子：買方出 10 元，賣方只願用 100 元賣，假設真的發生奇蹟，雙方各退一步，以 55 元（(10+100)/2）成交。如此一來，買方要多付 45 元，賣方則要多讓利 45 元，對雙方來說，怎麼看都不是一筆很划算的交易。所以股票成交量太低時，買賣雙方的成本當然也不會漂亮。

三、不容易變現

再回到上述例子。在現實生活中，你要如何讓買賣雙方各退讓 45 元呢？我想勢必要花九牛二虎之力和許多時間才有辦

法說服對方，甚至還要說之以理、動之以情，舌粲蓮花上演各種談判技巧才能做到，光是想像就知道難度頗高。所以，賣方想要把手上的股票變現的時間也會拉長，因為市場上只有一個買方。

　　那如果股票成交量高，是不是就比較好呢？因為買賣價差小、取得成本漂亮又容易變現——其實不一定喔！大家有聽過追高殺低吧？股票成交量越高，可以看成是這檔股票越熱門，而面對熱門股票，反而要戒慎恐懼。當大家都看好某支股票，新聞媒體跟著渲染推播，股價就容易炒作上去；但是當熱潮過後，大家就在比誰賣得快、賣得早，股價也會跟著跌下去。所以，既不要碰太熱門的股票，也不要投資成交量太低的公司，我們可以**有智慧地反其道而行，找出股票成交量「相對低」的時候**。

股票成交量「相對低」是什麼意思？

　　什麼是股票成交量「相對低」的時候呢？很簡單，就是自己跟自己比較。曾經熱門又體質好的公司，但現在不那麼火紅，或是有比它更熱門的股票目前正是媒體寵兒，所以市場焦點都放在當紅的股票，而不是所謂「過時」的趨勢，這時就可以趁機用合理價格買進這種類型的公司。切記，這不是

撿別人不要的股票，而是避開流行，找出現在不那麼熱門的好公司！

這裡用一個生活化的例子來說明股票成交量「相對低」的概念。大家對歌神張學友應該不陌生吧？或者我們不是同一個年代！？沒關係，簡單說，張學友是個非常有實力的歌手，我很喜歡、很欣賞，雖然他現在處於半退休狀態，也很少出現在螢光幕前，所以很多年輕人沒怎麼聽過這一號人物。但是，會因為他最近很少露面或少有他的相關新聞，就否定他的歌神稱號嗎？答案肯定是不會，而且如果他宣布要再度舉辦巡迴演唱會，相信門票肯定是秒殺，一票難求。

同理，如果你是死忠果粉，與其去搶每年最新上市的手機，不如買上一代的產品。我相信以蘋果手機的品質，用上一代手機的效能與使用者體驗不會比較差，而且說不定能用更便宜的價格買到。

股票市場上，大部分的人都是看著新聞媒體去投資，但是，**一間賺錢的公司不會因為市場上比較少人關注或新聞媒體比較少報導，就變得不賺錢。**「人多的地方不要去」，當大家都在追逐話題標的時，我們可以找出現在沒有那麼熱門，卻默默賺錢的好公司來投資。

到 Finviz 網站找股票成交量相對低的時候

那麼，要去哪裡才能看到股票成交量相對低的時候呢？很簡單，同樣到 Finviz 這個網站，找到一個叫「Relative Volume」（相對成交量）的內建篩選器就可以囉。操作方式如下。

進入 Finviz 首頁（finviz.com），點選「Screener」，這時可以在中間的地方找到「Relative Volume」（如圖 3-3-1）。

▲ 圖 3-3-1（資料來源：finviz.com）

點下去之後，有很多選項可以選。到底要點選哪一個條件呢？不用急，在選擇之前，先來了解一下相對成交量是怎麼算出來的。

相對成交量如何計算？

相對成交量的計算公式是：「當前成交量」÷「過去三個

月的平均成交量」，也就是目前成交量跟過去三個月（或說過去一季）的比較。如果算出來大於 1，表示現在的成交量比過去大，可以解讀為這支股票跟過去一季相比，較為熱門，而且計算出來的數字越大，表示現在越多人在交易；如果是小於 1，則表示跟過去一季相比，現在的交易量比較低，也就是這支股票目前的交易量處於相對低的時候。

既然小於 1 就是相對低的時候，那篩選時應該抓哪個數字呢？我個人會再抓個 25% 的安全邊際，所以會設定 Relative Volume **小於** 0.75 去篩選（如圖 3-3-2）。

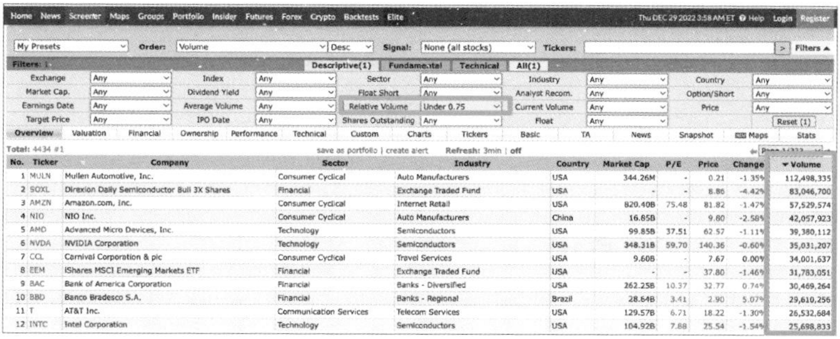

No.	Ticker	Company	Sector	Industry	Country	Market Cap	P/E	Price	Change	Volume
1	MULN	Mullen Automotive, Inc.	Consumer Cyclical	Auto Manufacturers	USA	344.26M	-	0.21	-1.35%	112,498,335
2	SOXL	Direxion Daily Semiconductor Bull 3X Shares	Financial	Exchange Traded Fund	USA	-	-	8.86	-4.42%	83,046,700
3	AMZN	Amazon.com, Inc.	Consumer Cyclical	Internet Retail	USA	820.40B	75.48	81.82	-1.47%	57,529,574
4	NIO	NIO Inc.	Consumer Cyclical	Auto Manufacturers	China	16.85B	-	9.80	-2.58%	42,057,923
5	AMD	Advanced Micro Devices, Inc.	Technology	Semiconductors	USA	99.85B	37.51	62.57	-1.11%	39,380,112
6	NVDA	NVIDIA Corporation	Technology	Semiconductors	USA	348.31B	59.70	140.36	-0.60%	35,031,207
7	CCL	Carnival Corporation & plc	Consumer Cyclical	Travel Services	USA	9.60B	-	7.67	0.00%	34,001,637
8	EEM	iShares MSCI Emerging Markets ETF	Financial	Exchange Traded Fund	USA	-	-	37.80	-1.46%	31,783,051
9	BAC	Bank of America Corporation	Financial	Banks - Diversified	USA	262.25B	10.37	32.77	0.74%	30,469,264
10	BBD	Banco Bradesco S.A.	Financial	Banks - Regional	Brazil	28.64B	3.41	2.90	5.07%	29,610,256
11	T	AT&T Inc.	Communication Services	Telecom Services	USA	129.57B	6.71	18.22	-1.30%	26,532,684
12	INTC	Intel Corporation	Technology	Semiconductors	USA	104.92B	7.88	25.54	-1.54%	25,698,833

▲圖 3-3-2（資料來源：finviz.com）

設定好之後，我會在右邊的「Volume」點兩下，把交易量由大到小排序（如圖 3-3-2），因為交易量太小也不是一件好事。接著你就可以按照篩選出來的名單，一支一支去瀏覽，如果發現認識且有興趣的公司，就可以放入你的股票觀察清單。

3-4 Dividends 股息：當股息成長變成常態時

　　終於進行到 C.O.L.D. 篩選系統的最後一個條件 ——「股息」的部分了。跟大家偷偷說一聲，股息這個篩選條件是我最喜歡用的指標之一，而且股息就是白花花的銀子，如果你想用股息過上美好的退休生活，就要好好把握這個章節分享的概念，找出最優質、股息又會成長的冷門鑽石股。

什麼是「股息」？

　　有鑑於大家的投資經驗可能不同，對股息的了解不一，所以先來說明一下什麼是股息。

　　按照維基百科的解釋，股息是指股份公司從留存收益中派發給股東的那一部分，又稱股利或紅利。意思就是，如果公司有賺錢，公司可以選擇把賺來的錢一部分發給股東，另一部分留在公司作為營運或拓展使用，而股東領到的錢就叫作「股息」。

　　由此可知，一間上市公司要不要發股息，是公司自己決定

的，也是公司的政策之一。通常來說，剛起步的公司不太會發股息，因為要把賺來的錢用在拓展營運、研發或開發新項目等等，使公司茁壯強大；等成長到某個程度，已經無法再突破時，公司就會考慮將賺來的錢一部分發給股東。

所以這裡有個重點：**要能穩定發放股息，意味著公司要賺錢才行**；如果根本沒賺錢卻硬發股息，不是打腫臉充胖子嗎？長期而言，這對股東、對公司本身都不是好的發展。因此在「股息」這個篩選關卡，我們也能順便把不賺錢的公司剔除掉。

股息分為現金股利與股票股利。現金股利顧名思義，就是直接發現金給股東；股票股利則是發放股票給股東。以美股市場而言，大多數的公司都是發放現金股利為主，台股近期也比較多公司發放現金股利，所以我們先專注在現金股利就可以了。股息延伸的概念可以很多，有機會再分享。

股息成長 vs. 冷門鑽石股

回到美股市場，看看美股的股息發放有什麼特性。

以台股而言，能夠穩定發放股息好像就很厲害了，有時還會因為一些外在因素，比如疫情、股災等等而停發或少發很多；但如果你要投資美股，股息穩定發放只能是基本配備，因為**很多美股上市公司股息會成長，而且是連續成長！**

股息連續成長的概念，就是你買了這檔股票後什麼事都不用做，它每一年給你的現金股息越來越多，一年比一年多，所以你領到的股息被動收入也越來越多。而且，美股上市公司裡就有超過八百多支這樣的標的可以選擇，重點是很多公司我們都耳熟能詳，甚至每一天都會用到它們的產品，比如P&G寶僑、可口可樂、高露潔牙膏等，都是股息連續成長超過五十五年的美股上市公司，它們股息成長的年數，甚至比正在閱讀此書的你年紀還要大。

因此，我們可以利用美股**股息成長**的特性，來找到有可能被市場低估的冷門鑽石股。我知道有人會覺得，股息成長這麼了不起的紀錄，跟「冷門」鑽石股應該扯不上關係吧，而且新聞媒體應該喜歡報導這樣的公司，那我們要如何透過這個指標找到冷鑽股呢？

當股息成長變成常態

股息成長確實是難得的紀錄，一旦公司開始發放股息，並朝著股息成長的目標前進，除非公司真的遇到很嚴重的狀況，不然都會想要維持這個紀錄。但你是否想過，當股息連續成長已經成為常態時，這樣的紀錄還算稀奇嗎？人們會不會習慣了呢？

我用一個生活化的例子來解釋。假設你的另一半對你很

好，無微不至地照顧你、尊重你、包容你，每天都會在你耳邊說情話，表達對你的愛慕之情。一開始你可能覺得有點奇怪，想說會不會是三分鐘熱度，熱度一過就打回原形了，沒想到他真的每天都這麼做，毫無例外。慢慢地，你就會覺得這個人好像真的很愛我，久而久之也習慣了他對待你的方式就是如此甜蜜，甚至會覺得理所當然。

相同的道理可以放在美股上市公司。如果某公司的股息連續成長超過五年、十年，新聞媒體一開始或許會報導，畢竟這是一件難以做到的事；但是當股息成長變成稀鬆平常的事情，大家都知道這間公司非常厲害、股息成長年數很長，那新聞媒體還會想要報導嗎？我想報導的價值就稍嫌低了一些，市場上大多數投資人也不會太過驚豔，除非發生比股息成長更稀奇、更刺激的事件，才會引起大多數人的關注，上新聞的機率才會提升，畢竟大眾喜歡看聳動又新鮮的標題，媒體的流量才能因此暴增。

股息成長的公司哪裡找？

我想大家應該都很關心哪裡可以找到股息成長的公司吧？網路上有滿多地方都可以看到，這裡就介紹一個不用註冊、又可以免費找到股息成長公司清單的網站。

首先，輸入這個網址：moneyzine.com/investments/dividendchampions。進入該網頁後，往下滑，找到「Dividend Champions Excel Spreadsheet」（如圖 3-4-1）。

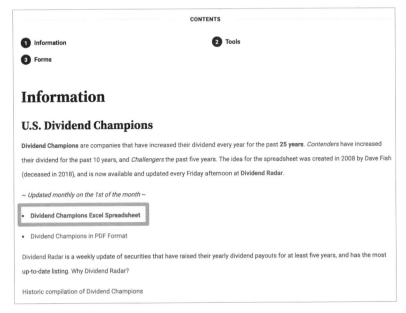

▲圖 3-4-1（資料來源：moneyzine.com）

點選「Dividend Champions Excel Spreadsheet」，會連結到一個放在雲端的 Excel 檔案。下載這個檔案，然後打開，你會看到下方有很多子分頁，我個人習慣點選「All」去看完整的清單（如圖 3-4-2）。

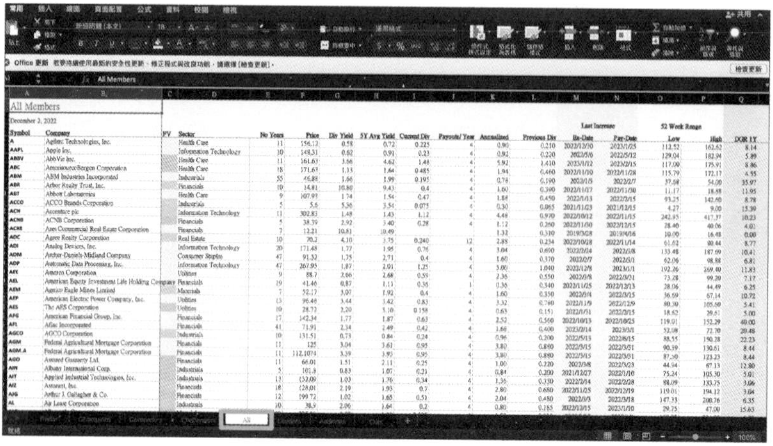

▲ 圖 3-4-2（資料來源：moneyzine.com）

　　看到密密麻麻的資料，想必你一時之間會有點眼花撩亂，這時不必慌張，很多資訊不是我們需要看的。那我會特別關注哪些資訊呢？首先，我會先全選這份清單的標題列，使用Excel 內建的「資料」功能，再點選「篩選」來排序。點了「篩選」後，標題列的每個標題旁邊會出現倒三角形的符號（圖 3-4-3）。

　　我最喜歡使用股息成長年數，由大到小排序。你可以點選「No Years」這個標題旁邊的倒三角形，然後選擇「遞減」或「從最大到最小排序」，它就會自動幫你排好（如圖 3-4-4）。

　　經過一番操作，我們就可以透過這份名單上的股票代碼與公司名稱，找找看有沒有你認識且感興趣的公司，如果有，

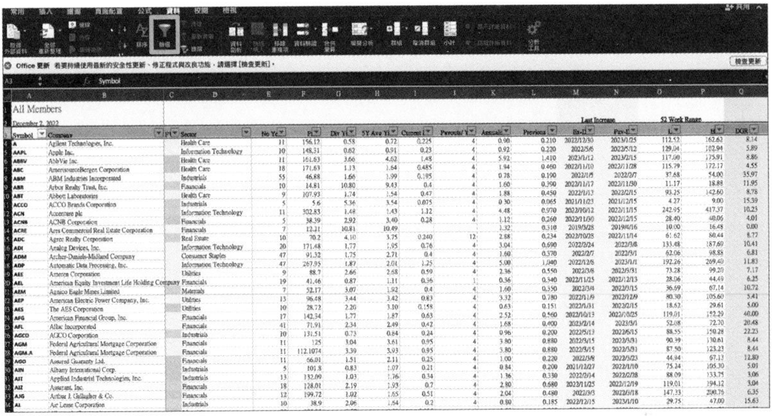

▲圖 3-4-3（資料來源：moneyzine.com）

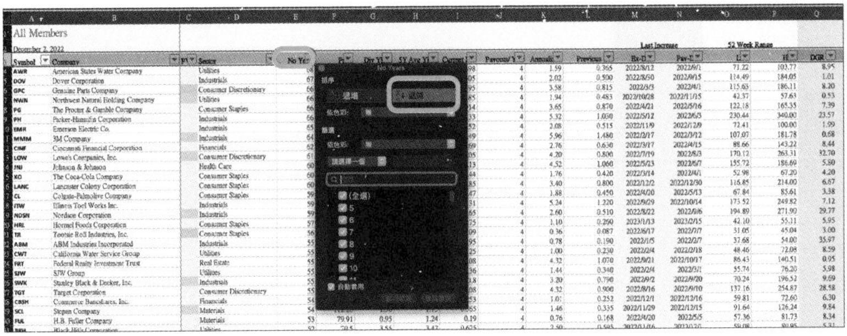

▲圖 3-4-4（資料來源：moneyzine.com）

就可以納入你的股票觀察清單。根據我的經驗，你應該會驚奇地發現原來有這麼多耳熟能詳的美股上市公司，股息已經連續成長了很多年。

另外，很多人會問，股息到底要成長多久才算標準呢？我

認為，保守一點，**股息至少要連續成長二十五年以上**，我才會有興趣去了解更多。為什麼是二十五年以上呢？代表這間公司經歷了 2020 年的疫情、2008 年的金融海嘯與 2000 年的網路泡沫化這三件重大金融危機的洗禮，股息還能持續成長，抗壓能力應該很強，下次再有股災事件發生，我會更有信心，相信它能再次度過危機。但是，這不代表股息成長低於二十五年的公司就不堪一擊，或許這些公司的競爭優勢很強，只是發股息的歷史沒那麼悠久而已。

最後還是一樣提醒大家，網站都會不定期更新，但操作的流程與邏輯應該不會改變太多，如果你使用這些網站時出現的介面或操作流程，跟我在書裡說的不太一樣，請以你當時的操作為準。

另外，由於我不知道你是在西元多少年看到這本書的，所以上面講的股息成長二十五年以上、經歷至少三次重大金融事件洗禮，這個年數也請大家有彈性地換算一下，而不是死守二十五年這個數字喔！

3-5 美股股息稅要 30%，投資一點都不划算！？

上一章節提到股息成長的概念，但很多人應該都聽說過，投資美股的股息會被預扣 30% 的稅，既然如此，為什麼還要投資美股？不能投資台股嗎？被預扣 30% 的股息稅很不划算吧？這是台灣人投資美股最常見的迷思之一，也是我最常被問到的問題。不過，這其實只是大家的刻板印象，破除迷思之後，你會發現都是自己在嚇自己，沒有你想像的那麼恐怖！

為什麼投資美股，股息會預扣 30%？

你要先了解為什麼會被預扣 30% 的股息稅。簡單來說，美國會針對源自美國公司的股息徵收 30% 的稅，你的券商會直接幫你把稅扣掉；也就是說，你今天用台灣人的身分投資美國本土上市公司，假設公司發放 10 元股息給你，會先預扣 30%，所以你實際領到的股息是 7 元。

不過，股息 30% 的預扣稅並不適用於跟美國有簽訂稅務協

定的國家——意思就是，有跟美國簽訂稅務協定的國家，就不是預扣 30% 的股息稅。目前中國是預扣 10%、日本 10%、加拿大 15% 等，這個預扣的百分比會隨著稅務協定的變更而調整，並非永遠固定一個比例。而因為台灣跟美國沒有簽訂稅務協定，所以台灣人投資美股，領到的股息會先被預扣 30% 的稅。

美股股息預扣稅率依公司註冊國家而定

了解為什麼股息會被預扣 30% 的稅之後，接下來你要知道，**並不是所有美股上市公司的股息都會被預扣 30% 的稅。**

還記得前面提到「美國會針對源自美國公司的股息徵收 30% 的稅」嗎？裡面講的是「美國公司」，由此可知，是美國本土上市公司發放的股息才會被預扣 30% 的稅。比如蘋果公司、好市多、可口可樂，如果你有投資這些公司，領到的股息就會被預扣 30% 的稅；假如公司的註冊國家不是美國，那股息就不一定是預扣 30% 了。

由於全世界各地的公司如果有機會與資格到美國股市掛牌上市，大多數公司都會選擇去，所以我們在美股市場也能投資其他國家的上市公司。比如台灣的台積電、聯電、中華電信，以及中國的阿里巴巴都有在美股上市，假設你投資的是美股的台積電（股票代碼：TSM），股息就不是預扣 30%，而是 21% 喔！

投資美股如果你真的很在意這個股息預扣稅，有個方法可以避免被扣到稅：選擇公司註冊地在英國或新加坡的上市公司。為什麼呢？因為這兩個國家的股息預扣稅率是 0%。沒錯，就是 0%！這意味著，投資英國或新加坡在美股上市的公司，你就會完全領到它們發放的股息，不會被預扣股息稅。所以如果你不願被扣走股息稅，可以優先研究英國或新加坡在美股上市的公司有沒有值得投資的標的。但前提是，必須是好公司再去投資，不要只是為了不想被扣稅就胡亂投資，這樣就本末倒置了！

如何查詢美股股息預扣稅率？

讀到這裡，你應該已經了解並非全部的美股上市公司都會預扣 30% 的股息稅，要看公司的登記國家，所以千萬不要再道聽塗說，相信美股股息會預扣 30% 這種片面資訊囉。

既然不同國家預扣的比例不同，有沒有什麼地方可以查詢到這些資料呢？當然有，可以到「Deloitte」的網站查詢（deloitte.com）。

進入 Deloitte 的首頁後，點選右上角的放大鏡，搜尋「global corporate tax and withholding tax rates」，然後點進搜尋結果的第一個；或是直接輸入這個網址：deloitte.com/global/en/services/tax/analysis/global-tax-rates.html。

進入該頁面後，找到「Withholding Tax Rates」，下載 PDF 檔（如圖 3-5-1），從中就可以查詢各個國家的股息預扣稅率。

Corporate Tax Rates 2022

Corporate Tax Rates 2022 includes information on statutory national and local corporate income tax rates applicable to companies and branches, as well as any applicable branch tax imposed in addition to the corporate income tax (e.g., branch profits tax or branch remittance tax).

Download the PDF

Corporate Income Tax Rates 2018-2022

Corporate Income Tax Rates 2018-2022 lists current and historic statutory national corporate income tax rates for the years 2018 to 2022.

Download the PDF

Withholding Tax Rates 2022

Withholding Tax Rates 2022 includes information on statutory domestic rates that apply to payments from a source jurisdiction to nonresident companies without a permanent establishment in that source jurisdiction.

Download the PDF

▲ 圖 3-5-1（資料來源：deloitte.com）

這個網站每年都會定時更新資料，想要看最新資訊，一年重新檢視一次就可以了。

下載這份 PDF 檔案後，就可以打開來看「Dividends」這個欄位，再去找到對應的國家，就會知道不同國家的股息預扣稅率是多少（如圖 3-5-2）。

Jurisdiction	Dividends	Interest	Royalties
Tanzania	5%/10%	10%	15%
Thailand	10%	15%	15%
Timor-Leste	10%	10%	10%
Trinidad & Tobago	3%/8%	15%	15%
Turkey	10%	0%/10%	20%
Ukraine	15%	0%/5%/15%	15%
United Arab Emirates	0%	0%	0%
United Kingdom	0%	0%/20%	20%
United States	30%	0%/30%	30%
United States Virgin Islands	0%/10%	10%	10%
Uruguay	7%	7%/12%/25%	12%/25%
Venezuela	0%/34%	4.95%/14.25%-32.3% (rates of 15%-34% applied on 95% of gross payment)	30.6% (34% rate applied on 90% of gross payment)
Vietnam	0%	5%	10%
Yemen	10%	0%/10%	10%

▲ 圖 3-5-2（資料來源：deloitte.com）

從圖 3-5-2 就可以看到，美國（United States）的股息預扣稅率是 30%，美國上面是英國（United Kingdom），股息預扣稅率則是 0%。這份檔案中也有其他國家（包含台灣）的股息預扣資訊，這裡就不一一說明，有興趣的人可以自行下載查詢。

股息穩定與股息成長的公司，你選哪一個？

再來要說明，為什麼投資美股的股息會被預扣 30% 不等，我卻還建議大家投資美股呢？這是因為一個很關鍵的因素：**投資美股，股息會成長！**有投資台股的朋友對股息一定不陌生，大家對股息的要求多數是穩定發放即可。聽起來好像很

不錯，每年都可以穩定領到股息，但是，不要被「穩定」這兩個字騙了！台股股息的特性是，遇到重大金融危機或公司今年不賺錢，大多就會暫停發放或減少發放，如果你是領股息過退休生活，有可能連續十年都有領到股息，但下一年金融海嘯來臨，股息就斷掉了，退休生活便受到影響，這樣有「穩定」嗎？

反觀投資美股，雖然股息會被預扣 30% 左右的稅，但不要忘了，股息會成長，而股息成長就意味著你什麼事也不做，領到的股息卻越來越多，**即使被扣掉稅，實際領到的股息也是越來越多。**

而且美股有很多耳熟能詳的公司，股息成長年數超過五十五年，比如我在章節 3-4 提到的 P&G 寶僑、可口可樂、高露潔牙膏等。如果一間公司股息連續成長了五十年，那你應該不需要太擔心下一年還能不能領到更多股息。此外，**股息成長還代表公司越賺越多錢。**為什麼呢？因為公司賺錢才有能力發股息給股東，既然股息會成長，表示公司的賺錢能力也會跟著提升，這才是健康的狀態。

回到台股，股息發放穩定是否意味著公司的賺錢能力也「穩定」？穩定不是不好，只是我喜歡穩定又成長的公司。

統計至 2022 年 8 月為止，美股股息成長十年以上的公司有大約五百間，台股股息成長十年以上的公司卻只有兩間。請不要懷疑你的眼睛，的確只有兩間台股上市公司的股息成長

有十年以上。這也是我強烈建議大家投資美股的原因之一，因為你的選擇跟台股相比多很多。當然以上數據會跟著公司發放股息的紀錄而調整，但短期內也不會變動太多。

股息成長除了可以看出公司的賺錢能力有沒有提升，另一個強大的威力是**抵抗通貨膨脹**。

舉個例子，假設今天小維與阿多都是以股息作為退休的目標，小維投資在每年都可以穩定發放 5 元股息的公司，阿多則投資在一開始股息發 2 元，但股息會成長的公司。在其他條件相同、股息也都沒有中斷的狀況下，二十年後，請問誰的退休生活會過得比較好呢？

小維這二十年來可以領到的股息總數很容易計算：$5 \times 20 = 100$ 元；而阿多因為股息成長（為了方便計算，假設每年都增加 1 元），所以他一開始領到 2 元，下一年領到 3 元，再下一年領到 4 元……如此經過二十年，阿多領到的股息加總有 230 元，而且到了第二十年，這單一年度領到的股息是 21 元，對比小維的 5 元股息，簡直無法相提並論。阿多的退休生活當然會過得比小維好，這才有抗通膨的效果啊！

所以投資美股股息預扣 30% 到底划不划算，相信聰明的你心裡已經有答案了。如果你是個短期投資人，喜歡在股市短進短出、當沖、做波段、賺價差，那股息對你而言一點都不重要，因為你看重的不是股息這個被動收入，而是進出場的時機點；但如果你是長期投資者，用股東的心態看待買進的

公司，那股息成長的概念就很重要了，因為這也是複利的一環。而且股息成長是沒有天花板的，你領到的股息只會越來越多，就算預扣了股息稅，還是會越領越多，相信你也能提早退休，拿回對生活的自主權。

想要當小維，還是阿多，完全取決於你的選擇。不管你想要投資台股或美股，都希望這個章節的說明能打破你對美股股息的迷思。重點還是要記得行動，而不是一直待在自己的舒適圈喔！

❶ **C.O.L.D. 篩選系統：**

· **Capitalization 市值**：避開樹大招風的公司。

可以從 S&P 400 中型股指數與 S&P 600 小型股指數去尋找冷門鑽石股的靈感。S&P 400 相關 ETF 是 IVOO，S&P 600 相關 ETF 是 VIOO，可以從 ETF 的發行公司去看裡面的成分股找靈感。

· **Ownership 內部人士**：跟公司管理層一起當股東。

美股上市公司中，內部人士持有比例有 1% 就很多了，因此先以 1% 為基準即可。

· **Liquidity 流動性**：有智慧地反其道而行。

可以透過股票交易量相對低的時候找出沒那麼熱門、卻默默賺錢的好公司。

· **Dividends 股息**：當股息成長變成常態時。

新聞媒體不會那麼喜歡報導這種稀鬆平常的事了，但我們可以因此找到很棒的股票靈感。

❷ **不是所有的美股股息都會被預扣 30% 的稅，要看公司的註冊國家為何。**美國公司是預扣 30%，台灣公司 21%，英國及新加坡公司 0%。相關資訊可以上網查詢。

❸ 股息成長的威力有：**公司賺錢能力提升、抵抗通膨、股息被動收入越來越多沒有上限。**

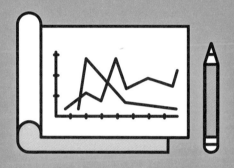

第 **4** 章

五大關鍵財報指標，
找出值得投資的冷鑽股

透過第二章的從生活中找好股，以及第三章的 C.O.L.D. 篩選系統，相信你已經找到了很多很棒的投資靈感，並建立了自己的股票觀察清單。但先別急著買下去，我們要先分析與評估這些股票是不是值得投資的好標的。體質優良的公司再去估價，估完價再決定要不要買入這些公司，當它們的股東。

所以在這一章，我會分享五個關鍵財報數據，分別是每股盈餘（EPS）、自由現金流（FCF）、股東權益報酬率（ROE）、負債比（D/E）和員工人數（Employees）。運用這五個關鍵數據，為你股票觀察清單上的標的評分，找出值得投資的冷門鑽石股。

公司營收雖重要，
有沒有賺錢更重要

　　首先，因為我們是以股東的心態去投資真正有賺錢的公司，所以第一個要看的指標非常重要：公司的**每股盈餘**（Earnings per share，**簡稱 EPS**），也就是公司最終的賺錢能力。這個數字可以在公司的財務報表裡找到。大家不要看到財務報表就一個頭兩個大，感覺有很多數字、要做很多計算。不用擔心！我們不是要做出公司的財務報表，這是會計師的工作，我們只要懂得「看」這些數字，並明白其中含義即可。重點是用這些數字幫股票評分，找出真正有賺錢的好公司。

　　什麼是財務報表？根據維基百科的說法，財務報表反映了一家企業過去一個財政時間段（主要是季度或年度）的財政表現及期末狀況，能幫助投資者和債權人了解企業的經營狀況，進一步幫助做出經濟決策。簡單說，**你可以把財報想像成一間公司的營運成績單**，在特定時間內記錄公司是賺錢還是賠錢、營運狀況如何，而上市公司必須定時提交財報，向股東交代這段時間的營運成績。以美股而言，每三個月會公布季報，每年

會公布年報，所以我們可以透過季報了解公司這一季的營運成績，透過年報了解公司今年一整年的營運狀況。

其實財報可以再細分為三大財務報表，分別是損益表、資產負債表及現金流量表——損益表主要記錄公司的損失與收益，資產負債表主要記錄公司有多少資產與負債，現金流量表則是類似流水帳的概念，記錄現金流進流出的狀況。我沒有要細講個別財務報表，你只要有個概念即可，畢竟我們是要看懂關鍵數據；如果有興趣深入研究，市面上有很多相關書籍。

EPS 是什麼？計算公式是……

EPS的公式很簡單：「淨收入」除以「公司發行的股票數量」。

我們先來看分子的淨收入。淨收入是什麼呢？就是公司最終淨賺多少錢，它跟營收的概念是不同的。一間公司開門做生意，都會有所謂的營業收入，叫作營收，但這個營收等於公司最終淨賺多少錢嗎？當然不是，因為還要扣掉一些成本、費用、稅金等等，最後有剩下來的錢，才是真正有賺錢。這裡有個重點：一間公司的營收很高，但淨收入是負數的話，意味著它沒有在賺錢。所以營收固然重要，但**淨收入更是檢視一間公司有沒有淨賺錢的重要指標**。

看完了分子的淨收入，再來看分母的公司發行股票數量。

這個就更好理解了，如果公司發行一股，你可以想成只有一名股東；如果發行了一萬股，那就是有一萬名股東。所以淨收入除以公司發行股票數量，就是公司幫每一位股東淨賺多少錢，而由於淨收入通常以「年」為單位，所以 EPS 用白話解釋就是：**公司今年幫每一位股東淨賺多少錢。**

到這邊，相信你對 EPS 應該有點頭緒了。如果還是似懂非懂，沒關係，我用一個生活化的例子來解釋什麼是 EPS。

喝珍奶也能搞懂 EPS！

我以台灣名產珍珠奶茶來舉例。假設我開了一間手搖飲料店，專門賣珍珠奶茶，一杯珍奶賣 50 元，如果今天總共賣了 5 杯珍奶，那我今天的營收是多少？5 杯 ×50 元＝ 250 元。這個 250 元是我最終賺到的錢嗎？不是喔，因為開門做生意也是需要一些成本，比如製作珍奶需要的原物料、租店面的店租、聘請員工需要付的薪水、水電費、稅金等等，這些都是營運需要的開銷對吧？假設這些成本換算起來，一天需要付 190 元，那我今天的淨收入就是：250 － 190 ＝ 60 元。

淨收入算出來後，還要知道公司發行的股票數量，才能算出 EPS 是多少。假設這間珍珠奶茶手搖飲料店，除了我本人有入股之外，我還號召了我們 BOS 巴菲特線上學院另外五位培訓師一起投資，所以總共有六位股東（1 ＋ 5 ＝ 6），那麼 EPS 就是：60/6 ＝ 10。意思就是，我的手搖飲料店幫每一位股東

淨賺 10 元。

　　這是用一個很簡單的例子幫助你理解什麼是 EPS，實務操作上不用特別去計算，因為公司的財報已經幫忙計算好了，我們只需要知道去哪裡看 EPS 這個數據即可。

EPS 要看多久的數據，才具有參考價值？

　　在評估一間上市公司時，EPS 這個指標到底要看多久的呢？過去三個月？半年？一年？還是三年？都不是！我們要用更嚴格的標準，看**過去十年的 EPS 表現**，而且是要 EPS 穩定成長的公司，才能通過我們的標準。

　　為什麼要看公司過去十年的 EPS 呢？很簡單，如果這間公司過去十年都能越賺越多，那你應該會有很強大的信心，相信它未來也會持續越賺越多錢吧？假如有間公司過去十年幾乎沒在賺錢，或是賺錢能力忽高忽低，有時幫股東賺錢，有時虧錢，這種類型的公司你還要當股東嗎？如果是我肯定不要，甚至會強力避開獲利能力不穩定及虧錢的公司。

　　好，我知道也有很多人會問，為什麼要看公司過去十年的表現，而不是過去五年之類的？看公司的財報表現當然越久越好，至少看過去十年，除了時間夠長之外，也能檢視公司遇到金融海嘯時獲利能力有沒有受到影響，因為翻開歷史，大約八到十年會有一次大型的金融危機事件重創股市與全球

經濟。雖然八到十年是個平均值，不見得一定每隔八到十年就會發生金融海嘯，但至少可以用這個數值當作參考指標。所以保守一點，要看公司過去十年的財報關鍵數據。

如果有一間公司過去十年即使遇到疫情與戰爭的影響，還是能越賺越多，那你應該會更有信心，相信這間公司將來也會越賺越多，甚至挺過未來的金融危機，這樣投資起來不是更加安心嗎？但是，我們在投資時往往會受到新聞媒體的影響，人格分裂，明明知道要投資在過去十年賺錢能力越來越好的公司，進入股市卻買進那些感覺股價會漲或營收突然飆升的公司，完全不關心這些公司有沒有賺錢，最終的結果當然可想而知囉！所以請務必將這點謹記在心。

查詢上市公司 EPS 與實際案例分享

這裡分享一個免費的財報網站：roic.ai（網站名稱就是網址）。這個網站在不用註冊登入、不必付費的情況下，可以看到美股上市公司過去近十五年的財報數據，操作方式與畫面的呈現也相當直覺簡單，如果你本身還沒有習慣使用的財報網站，或許可以試試。

這裡用蘋果公司（股票代碼：AAPL）當作範例，說明如何查詢公司過去十年的 EPS。

第一步先到 roic.ai 的首頁，然後在搜尋欄位（如圖 4-1-1）

輸入公司的股票代碼，比如輸入「AAPL」。

▲圖 4-1-1（資料來源：roic.ai）

點選進去之後，會看到公司名稱、股價與股價圖等相關資訊（如圖 4-1-2）。

▲圖 4-1-2（資料來源：roic.ai）

再往下滑，就會看到這個網站整理好的財報關鍵數據。我們要看的指標是「EPS」，就是「Earnings per share」（如圖4-1-3）。

Currency: USD	2007	2008	2009	2010	2011	2012	2013	2014	2015	2016	2017	2018	2019	2020	2021	2022
Revenue per share	0.98	1.32	1.46	2.54	4.18	5.98	6.60	7.51	10.16	9.85	10.98	13.40	14.09	15.82	21.90	24.32
Earnings per share	0.14	0.20	0.23	0.55	1.00	1.59	1.43	1.62	2.32	2.09	2.32	3.00	2.99	3.31	5.67	6.15
FCF per share	0.19	0.34	0.38	0.65	1.16	1.58	1.72	2.05	3.03	2.39	2.43	3.23	3.19	4.23	5.57	6.87
Dividends per share	- -	- -	- -	- -	- -	0.10	0.41	0.46	0.50	0.56	0.61	0.69	0.76	0.81	0.87	0.92
CAPEX per share	0.04	0.05	0.05	0.08	0.29	0.36	0.35	0.40	0.50	0.62	0.61	0.67	0.57	0.42	0.66	0.66
Book value per sh.	0.60	0.85	1.11	1.88	2.96	4.52	4.77	4.58	5.19	5.86	6.42	5.41	4.90	3.77	3.79	3.12
Comm.Shares outs.	24,209	24,685	25,004	25,465	25,879	26,175	25,909	24,342	23,014	21,883	20,869	19,822	18,471	17,352	16,701	16,216
Avg. annual P/E ratio	31.5	25.8	22.8	16.6	12.9	12.8	11.8	14.2	12.9	12.4	16.2	15.6	17.3	28.8	24.8	25.1
P/E to S&P500	1.8	1.2	0.3	0.8	0.8	0.9	0.7	0.8	0.6	0.6	0.7	0.6	0.7	0.8	0.8	1.2
Avg. annual div. yield	- -	- -	- -	- -	- -	0.5%	2.4%	2.0%	1.7%	2.1%	1.6%	1.5%	1.5%	0.9%	0.6%	0.6%
Revenue (m)	24,006	32,479	36,537	65,225	108,249	156,508	170,910	182,795	233,715	215,639	229,234	265,595	260,174	274,515	365,817	394,328
Operating margin	18.4%	19.3%	21.0%	28.2%	31.2%	35.3%	28.7%	28.7%	30.5%	27.8%	26.8%	26.7%	24.6%	24.1%	29.8%	30.3%
Depreciation (m)	317	473	703	1,027	1,814	3,277	6,757	7,946	11,257	10,505	10,157	10,903	12,547	11,056	11,284	11,104
Net profit (m)	3,496	4,834	5,704	14,013	25,922	41,733	37,037	39,510	53,394	45,687	48,351	59,531	55,256	57,411	94,680	99,803
Income tax rate	30.2%	29.9%	28.6%	24.4%	24.2%	25.2%	26.2%	26.1%	26.4%	25.6%	24.6%	18.3%	15.9%	14.4%	13.3%	16.2%

▲ 圖 4-1-3（資料來源：roic.ai）

這時就可以觀察過去十年 EPS 的數字有沒有越來越大，或是有沒有越賺越多的趨勢。你也可以透過「Earnings per share」這幾個字右邊的柱狀圖，以視覺化的方式判斷。蘋果這間公司過去十年的 EPS 很明顯是越來越多，評估時我就會直接給 1 分。

再來看看另外一間也很知名的公司特斯拉（股票代碼：TSLA），如圖 4-1-4。這間公司的 EPS 有沒有得分呢？

Currency: USD	..	2007	2008	2009	2010	2011	2012	2013	2014	2015	2016	2017	2018	2019	2020	2021	LTM
Revenue per share	--	0.00	0.01	0.10	0.15	0.14	0.26	1.12	1.71	2.10	3.24	4.73	8.39	9.26	10.95	18.20	24.14
Earnings per share	--	(0.07)	(0.07)	(0.08)	(0.20)	(0.17)	(0.25)	(0.04)	(0.16)	(0.46)	(0.31)	(0.79)	(0.38)	(0.32)	0.24	1.87	3.20
FCF per share	--	(0.05)	(0.05)	(0.08)	(0.22)	(0.21)	(0.31)	(0.00)	(0.55)	(1.12)	(0.72)	(1.67)	(0.09)	0.36	0.94	1.18	2.87
Dividends per share	--	--	--	--	--	--	--	--	--	--	--	--	--	--	--	--	--
CAPEX per share	--	0.01	0.01	0.01	0.05	0.13	0.15	0.15	0.52	0.85	0.67	1.64	0.91	0.54	1.13	2.71	2.30
Book Value per sh.	--	(0.10)	(0.17)	(0.22)	0.27	0.15	0.08	0.37	0.49	0.57	2.20	1.70	1.92	2.49	7.72	10.21	11.33
Comm.Shares outs.	--	1,170	1,170	1,165	761	1,506	1,610	1,791	1,869	1,923	2,163	2,486	2,558	2,655	2,880	2,958	3,101
Avg. annual P/E ratio	--	--	--	(7.8)	(10.7)	(8.5)	(168.7)	(94.8)	(33.0)	(44.8)	(26.4)	(55.1)	(56.5)	406.1	139.3	35.3	
P/E to S&P500	--	--	--	(0.4)	(0.7)	(0.6)	(9.9)	(5.2)	(1.6)	(2.0)	(1.1)	(2.2)	(2.3)	10.7	4.6	1.7	
Avg. annual div. yield	--	--	--	--	--	--	--	--	--	--	--	--	--	--	--	--	--
Revenue (m)	--	0	15	112	117	204	413	2,013	3,198	4,046	7,000	11,759	21,461	24,578	31,536	53,823	74,863
Operating margin	--	-109,497.31%	(532.51)%	(46.4)%	(125.8)%	(123.1)%	(95.4)%	(5.8)%	(17.7)%	(9.51)%	(13.9)%	(1.8)%	(0.3)%	6.3%	12.1%	16.4%	
Depreciation (m)	--	3	4	7	11	17	29	106	232	423	947	1,636	1,901	2,154	2,322	2,911	3,806
Net profit (m)	--	(78)	(83)	(56)	(154)	(254)	(396)	(74)	(294)	(889)	(675)	(1,961)	(976)	(862)	690	5,519	11,190
Income tax rate	--	(0.11)%	(0.11)%	(0.01)%	(0.11)%	(0.21)%	(0.01)%	(3.61)%	(3.33)%	(1.51)%	(3.61)%	(1.41)%	(5.81)%	(18.51)%	25.3%	11.0%	9.3%

▲ 圖 4-1-4（資料來源：roic.ai）

看到財報數據用括弧「（）」顯示時，代表負數，所以特斯拉這間公司是從 2020 年才開始幫股東賺錢，2020 年之前都是虧損，當然在 EPS 這一項就不會有分數囉！

或許有人很看好特斯拉未來的發展潛力，想要投資，這個就見仁見智了。我覺得保守對投資來說是好事，我寧可等到特斯拉有辦法越賺越多，且超過十年，才考慮投資，也不想投資在最近才開始賺錢的公司。切記，股市裡永遠都有進場機會，不用擔心錯過這次機會就不見了。

建議股市新手一開始先嚴格一點評估，標準不要放太寬，有賺錢就是有賺錢，沒賺錢也不用替公司找藉口，畢竟投資是用自己辛苦工作賺來的薪水。投資在長期越賺越多錢的公司，股價自然跟著水漲船高，關鍵就在於你是以什麼心態看待。

EPS 這個指標固然重要，但也不是唯一要看的財報數據。

我們要以不同的數據綜合評估，找到值得投資的標的，所以接下來，我們來看另一個指標：自由現金流。

4-2 有賺錢，也要有正的現金流

公司有沒有賺錢可以看 EPS，但有賺錢就一定會收到現金嗎？其實不一定喔！我們再回到上個章節提到的珍奶店來解釋一下。

產品賣出去，不等於收到現金

珍奶店雖然剛開幕，但生意非常興隆，除了用料實在，紅茶與鮮奶的完美比例讓喝過的客人都讚不絕口、呼朋引伴，因此每天店門口都大排長龍，客人都等著要買上一杯黃金比例的珍奶。但某一天，這些排隊的客人突然都吃錯藥，全部的人都說：「老闆，我今天沒帶錢，不然先給我一杯珍奶，明天我再來付錢！」如果我基於人性本善的理由，讓這些客人都賒帳（當然現實生活中，這種事發生機率很低），那麼請問，我把珍奶賣出去有收到現金嗎？肯定是沒有對吧？因為他們都說明天才會來付錢，所以在今天的現金流量上就會記錄，我收到的現金是 0 元。

但我今天還是有開門做生意，產品的原物料成本，以及員工薪水、水費、電費、租金等營運費用還是得支付。雖然我的珍奶賣出去，帳面上有營收，可是沒有實際收到現金，那麼按照上個章節的假設，珍奶店的成本與營運費用是一天 190 元，所以我收到 0 元現金，扣掉成本與營運費用 190 元，我今天的現金流是負 190 元。珍奶有賣出去，卻沒有實際現金流入，反而是流出，如果這些客人明天都不回來付錢，或是只回來一些人，珍奶店就算生意再好也只是假象，遲早會把我的現金燒光。

如果一間公司的現金流長期都是負數，千萬要小心，這也是為什麼不能只看 EPS 這個財務指標。

檢視公司有無做假帳的現金流量表

透過珍奶店的例子，我們了解公司產品賣出去不等於一定會收到現金，因此需要關注公司現金流的狀況。**現金流量表在會計做帳上是比較難做假的**，因為它類似流水帳、記帳的概念，有實際現金流進流出才能記錄。當然凡事都有例外，如果公司存心做假帳欺騙投資人與員工，還是可以找到辦法做假，只是需要花更多的心力與時間。所以財報指標不要只看單一數據，要綜合評估才會比較全面，有時公司的 EPS 表現很好，卻沒有正向現金流進來，這時反而要小心這間公司

到底發生什麼問題，甚至就不要冒險投資了。

那麼，如果一間公司的現金流一直是負數，就表示一定是做假帳嗎？其實也不完全如此。當然做假帳的機率比較高，但也有另一種可能，是**公司很難從客戶那邊拿到錢**。這是什麼意思呢？我舉個親身案例來說明。

我之前是從事珠寶精品工作，我們販售的商品單價都很高，有時一件等級很高的鑽石耳環或戒指，賣幾百萬、幾千萬台幣都有可能。有一次，我們賣了一件大約 500 萬元的商品給一位熟客，因為已經合作過數次了，彼此有一定的信任，但好巧不巧，當時那位熟客發生一些財務問題，以致收到貨卻遲遲付不出款項。我們催款許久都收不到那筆錢，可是貨已經賣出去了，對我們而言是有營收、有做成這筆生意的，卻沒有收到應得的款項，所以我們的現金流就是負數，因為我們沒有從客人那邊拿到錢。

不管是公司有做假帳的嫌疑，還是很難從客人那邊收到錢，都不是很好的狀況，對公司的營運也會造成一定程度的影響，甚至會重創公司形象。所以投資時要盡可能避開這種類型的公司，投資在有正向現金流的公司上。

自由現金流的評估標準

在評估公司的現金流時，我習慣看**自由現金流**（Free cash

flow，**簡稱 FCF**），因為這個數據比較保守。根據維基百科的解釋，公司自由現金流量指的是可自由運用的現金流，是「從營運來的現金流量」扣減「維持現有營運所需的資本支出和稅金」後的餘額。基本上可以簡單理解為：**自由現金流就是營運現金流減掉資本支出後，公司可以自由運用的現金流**。公司營運流進的現金不一定是完全可以運用的現金流，還要扣掉維持正常營運所需的支出，剩下來的現金流才是可以自由動用的。

所以，當公司每年的自由現金流都是正數，就代表可以自由運用的現金越多，對公司未來的發展更是有良好的作用。不論是要當成股息發給股東，還是當成應對未來景氣不佳的預備金，有充足的現金，度過難關的機率總是比較高，也能避免公司陷入財務危機，避免借貸太多、槓桿開太高，而有倒閉的風險。

針對自由現金流這項指標，評估標準一樣要看過去十年的表現，但不須要求成長，**過去十年的 FCF 皆為正數**即可，我們就能知道公司至少每年有正向的自由現金流進來。而隨著研究的時間越長，你會發現 FCF 過關的機率滿高的，所以評估時請嚴格一點，如果一間公司某一年的自由現金流為負數，就先不給分，除非你深入了解後發現是一次性的狀況再給分，否則標準不一，對你的投資反而有負面影響。

查詢上市公司 FCF 與實際案例分享

想要查詢 FCF，一樣可以到上個章節提到的 roic.ai 這個網站，輸入任何一支美股上市公司的股票代碼。

這裡一樣以蘋果為例。輸入股票代碼「AAPL」後，進入該公司的頁面，在財報數據的第三列，可以看到「FCF per share」（如圖 4-2-1）。

Currency: USD	2007	2008	2009	2010	2011	2012	2013	2014	2015	2016	2017	2018	2019	2020	2021	2022
Revenue per share	0.99	1.32	1.46	2.56	4.18	5.98	6.60	7.51	10.16	9.85	10.98	13.40	14.09	15.82	21.90	24.32
Earnings per share	0.14	0.20	0.23	0.55	1.00	1.59	1.43	1.62	2.32	2.09	2.32	3.00	2.99	3.31	5.67	6.15
FCF per share	0.19	0.34	0.36	0.65	1.16	1.58	1.72	2.05	3.03	2.39	2.43	3.23	3.19	4.23	5.57	6.87
Dividends per share	-	-	-	-	-	0.10	0.41	0.46	0.50	0.56	0.61	0.69	0.76	0.81	0.87	0.92
CAPEX per share	0.04	0.05	0.05	0.08	0.29	0.36	0.35	0.40	0.50	0.62	0.61	0.67	0.57	0.42	0.66	0.66
Book Value per sh.	0.60	0.85	1.11	1.88	2.96	4.52	4.77	4.58	5.19	5.86	6.42	5.41	4.90	3.77	3.78	3.12
Comm.Shares outs.	24,209	24,685	25,024	25,465	26,175	25,909	24,342	23,014	21,883	20,869	19,822	18,471	17,352	16,701	16,216	
Avg. annual P/E ratio	31.5	25.8	22.8	16.6	12.9	11.8	14.2	12.9	12.4	16.2	15.6	17.3	28.8	24.8	25.1	
P/E to S&P500	1.8	1.2	0.3	0.8	0.8	0.9	0.7	0.8	0.6	0.6	0.7	0.6	0.7	0.8	0.8	1.2
Avg. annual div. yield	-	-	-	-	-	0.5%	2.4%	2.0%	1.7%	2.1%	1.6%	1.5%	1.5%	0.9%	0.6%	0.6%
Revenue (m)	24,006	32,479	36,537	65,225	108,249	156,508	170,910	182,795	233,715	215,639	229,234	265,595	260,174	274,515	365,817	394,328
Operating margin	18.4%	19.3%	21.0%	28.2%	31.2%	35.3%	28.7%	28.7%	30.5%	27.8%	26.8%	26.7%	24.6%	24.1%	29.8%	30.3%
Depreciation (m)	317	473	703	1,027	1,814	3,277	6,757	7,946	11,257	10,505	10,157	10,903	12,547	11,056	11,284	11,104
Net profit (m)	3,496	4,834	5,704	14,013	25,922	41,733	37,037	39,510	53,394	45,687	48,351	59,531	55,256	57,411	94,680	99,803
Income tax rate	30.2%	29.9%	28.6%	24.4%	24.2%	25.2%	26.2%	26.1%	26.4%	25.6%	24.6%	18.3%	15.9%	14.4%	13.3%	16.2%

▲ 圖 4-2-1（資料來源：roic.ai）

「FCF per share」是每股自由現金流，類似每股盈餘的概念，是用自由現金流除以流通股數。你可以想成每個股東有多少可以自由運用的現金流，跟我們要看的自由現金流概念是一樣的，所以看這一列數字就可以了。

從數據上看來，蘋果這間公司過去十年的自由現金流皆為正數，評分時就可以給 1 分。而且你可以發現，蘋果的自由現金流有越來越高的趨勢，雖然這一點不是評估標準，仍可

看出這間公司的財務體質非常健全。

接下來，我們來看看 Netflix（股票代碼：NFLX）。相信大家對這間公司不陌生，甚至很多人都有訂閱它的影音串流服務，追了很多劇。

一樣到 roic.ai 看看 Netflix 的自由現金流有沒有符合標準（如圖 4-2-2）。

Currency: USD	2006	2007	2008	2009	2010	2011	2012	2013	2014	2015	2016	2017	2018	2019	2020	2021	TTM
Revenue per share	2.28	2.57	3.20	4.22	5.88	8.66	9.29	10.74	13.09	15.92	20.59	27.07	36.28	46.04	56.69	67.35	70.84
Earnings per share	0.11	0.14	0.19	0.29	0.44	0.61	0.04	0.28	0.63	0.29	0.44	1.29	2.78	4.26	6.26	11.60	11.35
FCF per share	0.12	0.53	0.18	0.70	0.66	0.72	(0.17)	(0.05)	(0.30)	(2.16)	(3.87)	(4.66)	(6.64)	(7.17)	4.38	(0.30)	1.61
Dividends per share	--	--	--	--	--	--	--	--	--	--	--	--	--	--	--	--	--
CAPEX per share	0.45	0.10	0.49	0.12	0.09	0.13	0.23	0.29	0.34	0.40	0.43	0.53	0.49	0.58	1.13	1.19	1.04
Book Value per sh.	0.95	0.92	0.81	0.50	0.79	1.74	1.92	3.27	4.42	5.22	6.25	8.29	12.03	17.32	25.10	35.95	41.08
Comm.Shares outs.	438	470	427	396	368	370	389	407	421	426	429	432	435	438	441	441	444
Avg. annual P/E ratio	33.1	22.2	21.3	21.6	38.9	45.2	267.6	129.4	90.1	316.2	233.5	127.2	113.8	76.8	71.7	48.4	26.3
P/E to S&P500	1.8	1.3	1.0	0.3	1.9	2.8	18.0	7.6	5.0	15.8	10.5	5.4	4.6	3.2	1.9	1.6	1.2
Avg. annual div. yield	--	--	--	--	--	--	--	--	--	--	--	--	--	--	--	--	--
Revenue (m)	997	1,205	1,365	1,670	2,163	3,205	3,609	4,375	5,505	6,780	8,831	11,693	15,794	20,156	24,996	29,698	31,473
Operating margin	6.5%	7.6%	8.9%	11.5%	13.1%	11.7%	1.4%	5.2%	7.3%	4.5%	4.3%	7.2%	10.2%	12.9%	18.3%	20.9%	18.1%
Depreciation (m)	157	225	243	258	38	44	1,702	2,242	2,782	3,547	4,925	6,330	7,656	9,320	10,923	12,438	14,130
Net profit (m)	49	67	83	116	161	226	17	112	267	123	187	559	1,211	1,867	2,761	5,116	5,044
Income tax rate	38.9%	40.0%	36.9%	39.7%	39.9%	37.1%	43.7%	34.3%	23.6%	13.6%	28.3%	(15.2)%	1.2%	9.5%	13.7%	12.4%	8.5%

▲ 圖 4-2-2（資料來源：roic.ai）

雖然 Netflix 的營收、EPS 表現不錯，但自由現金流有很多年都是負的，難道是 Netflix 做假帳嗎？其實不見得，因為影音串流平台這一塊，有很多原本就自帶內容的平台竄起，比如 Disney+，所以 Netflix 也意識到需要有自製內容，才能在這個領域站穩。但是，製作原創影集需要投入大量成本，以致 Netflix 的自由現金流出現負數狀況。因此在 FCF 這項指標上，就不給 Netflix 分數——在評估時只要有一年的自由現金

流是負數就不給分，要嚴格一點。

看完上述兩間公司的案例，相信你對自由現金流這個項目的評估會更得心應手。遇到不太確定的狀況就先不給分，不要一直浪費時間糾結如何評估，畢竟時間也是很寶貴的。

接下來，我們繼續看下一個指標：股東權益報酬率。

公司運用股東錢的
效率高嗎？

公司有沒有賺錢可以看 EPS，賺錢之餘有沒有正向現金流可以看 FCF，接著就要來認識另一個重要的財報數據：**股東權益報酬率**（Return on equity，**簡稱 ROE**）。這個指標可以幫助我們檢視一間公司運用股東的錢賺錢有沒有「效率」。

ROE 是什麼？計算公式是……

根據維基百科的解釋，股東權益報酬率是衡量相對於股東權益的投資報酬之指標，反映了公司利用資產淨值產生純利的能力，是衡量企業獲利能力的重要指標。裡面提到的「資產淨值」也就是股東權益，這兩個數值概念是一樣的，只是放在財務報表的不同位置會有不同的說法，你可以簡單理解為股東出的錢。

ROE 的公式也很簡單，就是「淨收入」除以「股東權益」。分子是淨收入，也就是公司淨賺多少錢；分母為股東權益，就是股東出了多少錢，所以這個公式可以幫助我們判

斷公司運用股東的錢賺錢的「效率」有多高。而因為 ROE 看的是效率，所以這個指標的單位是百分比（％），是一個比例的概念。

為什麼要看 ROE 這個數值呢？很簡單，因為只看 EPS 的話，我們只知道公司有沒有賺錢、賺了多少錢，卻不知道這間公司賺錢的效率好不好。比如淨收入一樣是 20 元，A 公司是運用股東的 100 元賺來的，B 公司則是用股東的 1000 元賺來的，在其他條件都相同的狀況下，請問你會想要投資 A 公司還是 B 公司呢？我想大家應該都會選擇 A 公司吧！因為一樣是賺到 20 元，A 公司能用較少的資金達到目標，B 公司卻要用更多資金才有辦法賺到錢，所以 A 公司的賺錢效率比 B 公司高，這也是為什麼我們需要多看一個財報數據。

珍奶店賺錢的效率高嗎？

再回到珍奶店，來說明股東權益報酬率 ROE 的概念。前面提到這間店一天的淨收入是 60 元，總共有六個股東，假設每個股東出資的金額換算成一天是 50 元，六個股東總共是 300 元，那就來計算一下這間珍奶店的 ROE 是多少：「淨收入」÷「股東權益」＝ 60÷300 ＝ 20％。所以，我的珍奶店的 ROE 是 20％。

這個意思就是，我幫每個股東賺錢的效率有 20％，這樣的效率還不錯喔！因為根據經驗法則，一間公司的 ROE 有 15％

就很棒了，我的珍奶店到達 20%，表示優於其他同類型的公司，能幫助股東賺錢，也能有效運用股東的錢創造更大的收益，不然這些股東把錢放在銀行當定存就可以了，為何還要投資我的珍奶店呢？所以從股東的角度來說，ROE 這個指標可以看出你投資的公司能不能有效運用你的錢，造福公司也造福股東，形成雙贏的局面。

ROE 的評估標準不是越高越好

在評估 ROE 這項指標時，標準該如何拿捏呢？很簡單，我們要找出**過去十年每年的 ROE 都有 15% 的公司**。注意喔！這邊看的是「**每年**」15%，不是平均 15%，所以要一年一年去檢視，不要只是用篩選器篩選，因為篩出來的公司可能是平均 15%，而不是每年 15%，這點要特別注意！

為什麼要看每年的 ROE 有沒有 15%，而不是平均呢？因為 ROE 穩定，代表公司的經營團隊較為穩定，每一年的營運成績都很有效率；反之如果只是看 ROE 平均 15%，有可能這間公司去年賺錢的效率達到 30%，今年卻只有 5%，兩年平均下來有 17.5%，超過 15% 的標準，可是細看會發現，這間公司的 ROE 不穩定，忽高忽低，那麼以我們的標準來說，在 ROE 這項指標上就不會給分。若沒有逐年確認，很可能就會不小心投資在一間賺錢效率不穩定的公司了。

評估 ROE 時，還有一點要特別注意：ROE **不是越高越好。**不要以為 ROE 到達 70%、100%，甚至 200% 以上，就代表這間公司賺錢超級無敵有效率，沒有這麼好康的事，小心物極必反！

回到 ROE 的公式來看，分母是股東權益，而股東權益的計算方式是一間公司的總資產減掉總負債。請思考一下，ROE 的數值要越高，除了分子的淨收入越高之外，分母的股東權益如果越小，ROE 的數值也會越高。那麼，股東權益數值如果要越小，是否意味著公司的負債變高，因為股東權益是總資產減掉總負債，負債越高，股東權益自然變小，ROE 這個數值相對就會變大。但公司負債變多不是一個健康的狀況，這點會在下個章節說明，你先知道 ROE 這個數值會因為負債變高而扭曲，在評估時格外注意即可。

所以，**看到一間公司的 ROE 數值很奇怪時，千萬要小心，不要急著給分，有可能是公司的負債變高導致的。**一般而言，ROE 在 15% ～ 30% 算是正常的範圍，超過 50% 就要小心了。不過，如果一間公司常年來 ROE 都很高，也很穩定，那也不是壞事，代表這間公司真的很厲害；假如是某幾年的數據很怪或 ROE 無法顯示，通常都是負債的問題，就不要給分。在評估的時候請特別留意這點。

查詢上市公司 ROE 與實際案例分享

　　接下來就以實際的例子來看看如何查詢上市公司的 ROE，以及評估時會遇到什麼狀況。

　　首先來看大家都很熟悉的微軟（股票代碼：MSFT）。一樣到 roic.ai 這個網站，輸入「MSFT」，進入該公司的頁面後，在財報數據的倒數第三列，可以看到「Return on equity」（如圖 4-3-1）。

Revenue (m)		51,122	60,420	58,437	62,484	69,943	73,723	77,849	86,833	93,580	85,320	89,950	110,360	125,843	143,015	168,088	198,270	203,075
Operating margin		36.2%	37.2%	34.8%	38.8%	38.8%	29.5%	34.4%	32.0%	19.4%	23.7%	24.8%	31.8%	34.1%	37.0%	41.6%	42.1%	41.7%
Depreciation		1,440	2,056	2,562	2,673	2,766	2,967	3,755	5,212	5,957	6,622	8,778	10,261	11,682	12,796	11,686	14,460	14,038
Net profit (m)		14,065	17,681	14,569	18,760	23,150	16,978	21,863	22,074	12,193	16,798	21,204	16,571	39,240	44,281	61,271	72,738	69,789
Income tax rate		30.0%	25.8%	26.5%	25.0%	17.5%	23.8%	19.2%	20.7%	34.1%	15.0%	8.4%	54.6%	10.2%	16.5%	13.8%	13.1%	17.7%
Net profit margin		27.5%	29.3%	24.9%	30.0%	33.1%	23.0%	28.1%	25.4%	13.0%	19.7%	23.6%	15.0%	31.2%	31.0%	36.5%	36.7%	34.4%
Working capital (m)		16,414	13,356	22,246	29,529	46,144	52,396	64,049	68,621	74,854	80,303	95,324	111,174	106,132	109,605	59,703	58,521	57,034
Long-term debt (m)		- -	- -	3,746	4,939	11,921	10,713	12,801	20,645	27,808	40,783	76,073	77,810	72,850	67,249	141,988	146,542	173,586
Equity (m)		31,097	36,286	39,558	46,175	57,083	66,363	78,944	89,784	80,083	71,997	72,394	82,718	102,330	118,304	163,015	198,270	203,075
ROIC		35.7%	41.2%	38.1%	38.5%	29.3%	19.5%	21.1%	17.8%	10.1%	13.3%	13.2%	8.9%	19.2%	20.3%	25.8%	27.6%	26.1%
Return on capital		31.8%	32.7%	25.4%	29.2%	26.1%	18.7%	19.3%	16.5%	10.9%	10.8%	10.5%	15.1%	16.2%	18.5%	22.0%	23.5%	24.0%
Return on equity		45.2%	48.7%	36.8%	40.6%	40.6%	25.6%	27.7%	24.6%	15.2%	23.3%	29.0%	20.0%	38.3%	37.4%	43.2%	43.7%	40.2%
Plowback ratio		72.9%	77.3%	69.3%	75.6%	77.6%	62.4%	65.9%	59.8%	19.0%	34.5%	44.1%	23.4%	64.8%	65.8%	73.0%	75.1%	73.4%
Div.&Repurch./FCF		158.4%	70.8%	83.2%	61.3%	58.1%	32.4%	48.4%	58.3%	102.4%	105.3%	72.9%	69.5%	84.2%	81.3%	75.2%	75.2%	74.7%

▲ 圖 4-3-1（資料來源：roic.ai）

　　我們來看看，微軟這間公司過去十年的 ROE 有沒有每年都 15% 呢？你會發現有，除了 2015 年沒有超過 20%，其他年份都有超過 20%，而且表現滿穩定的，就算 2015 年沒超過 20%，也有 15% 以上。所以像這樣的公司，我就會給 1 分。

　　接著來看另一間公司亞馬遜（股票代碼：AMZN）的 ROE 能不能得到 1 分。一樣到 roic.ai 這個網站查詢（如圖 4-3-2）。

Revenue (m)	10,711	14,835	19,166	24,509	34,204	48,077	61,093	74,452	88,988	107,006	135,987	177,866	232,887	280,522	386,064	469,822	502,191
Operating margin	3.8%	4.4%	4.4%	4.6%	4.1%	1.8%	1.1%	1.0%	0.2%	2.1%	3.1%	2.3%	5.3%	5.2%	5.9%	5.3%	2.6%
Depreciation (m)	205	246	287	378	568	1,083	2,159	3,253	4,746	6,281	8,116	11,478	15,341	21,789	25,251	34,296	38,578
Net profit (m)	190	476	645	902	1,152	631	(39)	274	(241)	596	2,371	3,033	10,073	11,588	21,331	33,364	11,323
Income tax rate	49.6%	27.9%	27.4%	21.8%	23.5%	31.2%	78.7%	31.8%	(150.5)%	60.6%	36.6%	20.2%	10.6%	17.0%	11.8%	12.6%	14.4%
Net profit margin	1.8%	3.2%	3.4%	3.7%	3.4%	1.3%	(0.1)%	0.4%	0.6%	1.7%	1.7%	4.3%	4.1%	5.5%	7.1%	1.9%	
Working capital (m)	841	1,450	1,411	2,433	3,375	2,594	2,294	1,645	3,238	2,575	1,865	2,314	6,710	8,522	6,348	19,314	(8,900)
Long-term debt (m)	1,247	1,282	409	109	184	255	3,084	3,191	8,265	8,235	7,694	37,926	23,414	84,389	116,395	128,251	
Equity (m)	431	1,197	2,672	5,257	6,864	7,757	8,192	9,746	10,741	13,384	19,285	27,709	43,549	62,060	93,404	138,245	137,489
ROIC	12.5%	19.2%	14.4%	14.0%	6.5%	0.8%	1.3%	2.5%	6.9%	5.1%	12.0%	9.4%	11.7%	12.6%	3.6%		
Return on capital	10.4%	11.4%	11.6%	8.6%	8.2%	3.9%	1.5%	1.4%	0.2%	3.1%	5.1%	3.3%	7.8%	6.9%	9.5%	2.8%	
Return on equity	44.1%	39.8%	24.1%	17.2%	16.8%	8.1%	(0.57)%	2.8%	(2.21)%	4.5%	12.3%	10.9%	23.1%	18.7%	22.8%	24.1%	8.2%
Plowback ratio	100.0%	100.0%	100.0%	100.0%	100.0%	100.0%	100.0%	100.0%	100.0%	100.0%	100.0%	100.0%	100.0%	100.0%	100.0%	100.0%	100.0%
Div.&Repurch./FCF	51.9%	21.0%	7.3%	--	--	13.2%	100.0%	100.0%	100.0%	100.0%	100.0%	100.0%	100.0%	100.0%	100.0%	100.0%	(22.6)%

▲圖 4-3-2（資料來源：roic.ai）

亞馬遜的 ROE 從 2018 年到 2021 年有達到標準，也算穩定，但前面六年沒有到 15%，2012 年與 2014 年還是負數，所以在 ROE 這個項目，我不會給亞馬遜分數。

再來看另一種狀況，我以百勝餐飲集團為例（股票代碼：YUM），它旗下較為台灣人熟悉的品牌有肯德基與必勝客。在 roic.ai 查詢到的歷年 ROE 如圖 4-3-3。

Revenue (m)	9,561	10,416	11,279	10,836	11,343	12,826	13,633	13,084	13,279	6,418	6,366	5,878	5,688	5,597	5,652	6,584	6,713
Operating margin	13.2%	13.0%	13.4%	14.7%	15.6%	14.4%	16.8%	13.7%	11.7%	29.9%	25.5%	47.0%	40.4%	34.5%	26.6%	32.5%	31.7%
Depreciation (m)	479	542	561	580	549	628	645	721	739	319	309	253	137	112	146	164	222
Net profit (m)	824	909	964	1,071	1,158	1,319	1,597	1,091	1,051	1,283	1,619	1,340	1,542	1,294	904	1,575	1,284
Income tax rate	25.6%	23.7%	24.7%	22.4%	26.1%	19.5%	25.0%	31.4%	28.5%	39.0%	24.8%	41.1%	16.2%	5.8%	11.4%	5.9%	21.8%
Net profit margin	8.6%	8.7%	8.5%	9.9%	10.2%	10.4%	11.7%	8.3%	7.9%	20.0%	25.4%	22.8%	27.1%	23.1%	16.0%	23.9%	19.3%
Working capital (m)	(825)	(581)	(771)	(445)	(135)	(129)	(279)	(574)	(765)	(1,400)	113	995	(94)	(14)	14	117	351
Long-term debt (m)	2,045	2,924	3,564	3,207	2,915	2,997	2,932	2,918	3,077	3,007	9,081	9,429	9,751	10,061	10,272	11,178	11,517
Equity (m)	1,437	1,139	(108)	1,025	1,576	1,823	2,154	2,166	1,547	911	(5,656)	(6,334)	(7,926)	(8,016)	(7,891)	(8,373)	(8,542)
ROIC	17.8%	17.5%	23.4%	22.5%	22.3%	23.4%	25.3%	19.7%	18.1%	23.4%	41.3%	42.1%	67.9%	47.5%	33.2%	45.9%	37.2%
Return on capital	17.4%	16.4%	23.5%	22.3%	21.3%	20.9%	25.6%	21.3%	19.0%	23.6%	41.1%	51.1%	55.5%	35.5%	26.7%	37.2%	37.4%
Return on equity	57.3%	79.8%	(892.6)%	104.5%	73.5%	72.4%	74.1%	50.4%	67.9%	140.8%	(28.6)%	(21.2)%	(19.5)%	(16.1)%	(11.5)%	(18.8)%	(15.0)%
Plowback ratio	82.5%	70.0%	66.6%	66.2%	64.4%	63.5%	65.9%	43.6%	36.3%	43.1%	54.0%	69.0%	70.0%	60.5%	37.4%	62.4%	49.6%
Div.&Repurch./FCF	143.2%	190.4%	353.9%	39.9%	58.1%	100.2%	121.1%	123.7%	143.7%	235.9%	785.9%	333.7%	302.8%	118.5%	70.3%	147.9%	172.3%

▲圖 4-3-3（資料來源：roic.ai）

這間公司的 ROE 從 2015 年破百後，就一路負數到 2021年，聰明的你會給分嗎？我相信是不會的。

以上三個案例是評估 ROE 時經常遇到的狀況，如果在評估時是非分明一點，就不會有那麼多模稜兩可的狀況囉！

假如在 ROE 這個指標沒有得到分數，這間公司還能投資嗎？先別著急，也不要妄下定論，因為這只是第三個財報數據而已，我們要全部看過，才能決定一間公司值不值得投資。

接下來繼續看下一個指標：D/E 負債比。

4-4 每個股東身上揹了多少負債？

　　講到負債、欠錢，大家的第一印象通常都是不好的。投資股票市場時，借錢投資確實風險很高，我也一直奉勸大家千萬不要做這種事，但如果你是創業做生意或投資房地產，適度的槓桿行為反而可以創造更大的收益，前提是要做好風險控管，審慎評估，因為槓桿就像雙面刃，可以讓你賺很多錢，也能讓你賠到傾家蕩產。所以在評估股票的時候，也可以看看這間公司的負債有多少、是不是在安全範圍內，投資起來才能更安心。

負債高低對一間公司的影響

　　一般而言，借貸是公司籌措資金的來源之一，那公司為什麼需要籌措資金呢？理想的狀況是拓展業務，使公司發展越來越好，這樣對員工與股東也有正面的影響，但公司負債太高，風險也會大幅提升。

　　在太平盛世、景氣繁榮的情況下，公司負債過高或許沒有

什麼感覺，甚至還會因為手上的資金充沛，使得公司規模迅速擴張，賺錢能力大幅提升，還債能力也不會受到太大影響。

可是遇到經濟不景氣時，公司的營運可能受到牽連而陷入短暫的危機，這時如果負債太高，反而是雪上加霜，度不過寒冬可能就因此倒閉破產了；但如果公司的負債低，或是在一定的安全範圍內，順利度過不景氣的機率會相對提升，公司也能永續經營下去，這是員工與股東更希望看到的狀況。

所以，負債高通常代表這間公司有雄心壯志想要發展得更好，但所須承擔的風險就會更高；而負債低的公司雖然承受的風險較小、倒閉的機率也低，但也有可能是這間公司無法繼續發展、規模無法越做越大，所以不需要這麼多資金。

由此可知，負債不完全是壞東西。公司如果可以適度運用財務槓桿，讓自身發展越來越好，負債反而是好現象，身為股東的我們也更願意投資在這種公司。

D/E 負債比的計算公式與評估標準

要如何判斷一間公司的負債是否處在安全範圍呢？很簡單，可以透過 D/E **負債比**來評估。

D/E 負債比的公式是：「負債」（Debt）除以「股東權益」（Equity）。你可以簡單理解為負債與股東權益之間的關係，負債就是公司的負債有多少，股東權益可以想成是股東出資

多少錢，或是這間公司有多少錢是股東出的，把這兩個數字相除，得出來的就是 D/E 負債比。

D/E 負債比如果大於 1，表示公司的負債大於股東權益，這是比較不好的狀況，因為你借來的錢大於股東出資的錢。舉個例子說明：你拿本金 100 萬元出來創業，後來跟銀行借了 200 萬元，你的負債比就是 2，兩倍的意思。如果哪天銀行突然要你把 200 萬元全部還回去，就可能發生你把本金 100 萬元全部還給銀行都不夠還清的狀況，這時銀行就會跟你進行債務協商。想當然耳，你的公司可能會宣告破產，因為你高估了你的還債能力。

但如果你拿出 100 萬本金創業，但只跟銀行借 50 萬元，這樣你的負債比就是 0.5。雖然一開始擁有的資金不像借了 200 萬元那麼多，但至少比較安全、保守，還款能力是正常的，就算不幸發生危機事件，也還能撐過去，因為你還完銀行的 50 萬元之後，口袋裡還有 50 萬元，不至於壓垮你的生活。正所謂「留得青山在，不怕沒柴燒」，公司要能正常營運，才能幫股東賺錢，不要為了快速擴張，反而讓公司不保，這樣就本末倒置了！

如此看來，負債太高不是很好，太低又好像公司沒什麼發展性，但沒有負債的公司基本上不太會倒閉，所以這個負債剛剛好就好。D/E **負債比的評估標準，可以設定為小於 0.5**，這表示公司的負債在一個比較安全保守的範圍內，就算真的

發生金融危機或景氣不佳的狀況，公司撐過去的機率會比較高，不容易被負債壓垮。

珍奶店的負債比高嗎？

再回到我的珍奶店看看 D/E 負債比的狀況。假設我因為生意很好，想要開一間分店，但手頭上的資金不夠，所以跟銀行借了 300 萬元作為開分店的資金。如果我之前都沒有負債，而我的六位股東每個人出資 100 萬元，六個人總共 600 萬，這樣我的 D/E 負債比是：300 萬 ÷ 600 萬 ＝ 0.5。按照我前面說的標準，0.5 剛好在及格邊緣，也就是我若要開分店，需要借錢，金額不要超過 300 萬元會比較理想。

但如果我對珍奶店的營運狀況過分樂觀，想要趁著生意興隆、知名度大開的時候急邃擴張，一口氣多開四家分店，這時我可能會直接跟銀行借 1200 萬元。倘若銀行也評估可行，我的負債比就會直接飆升到：1200 萬 ÷ 600 萬 ＝ 2。你可以想成每個股東身上揹了兩倍的負債。在珍奶店持續賺錢的情況下，負債太高沒有造成什麼影響，珍奶仍然一杯接一杯地賣；但若是景氣變差、大家荷包緊縮，或是有另一間珍奶店異軍突起，讓我的生意一落千丈，那負債就有可能是導致珍奶店倒閉的最後一根稻草。這就是雙面刃的最佳寫照。

當然我舉的例子都是比較簡單的狀況，主要是讓你更加理解 D/E 負債比的計算與概念，真實情況肯定複雜許多。但也

不用過度擔心，只要懂得去看公司的 D/E 負債比是多少，並判斷是否要給分就可以囉！所以接下來，我們就來看看如何查詢上市公司的 D/E 負債比吧。

查詢上市公司 D/E 負債比與實際案例分享

一樣來用微軟（股票代碼：MSFT）來示範如何查詢上市公司的 D/E 負債比。

D/E 負債比只需要看**最新一年**的狀況即可，因為前面的負債可能已經還掉了，還沒還清的也會累積到最新一年，所以我們看公司最新的負債比，就可以判斷這間公司的負債是高還是低。

這次我們要到另一個網站查詢公司的 D/E 負債比：Morningstar（morningstar.com）。首先進入網站首頁，在左上方的搜尋列輸入「MSFT」（如圖 4-4-1）。

進入微軟的頁面後，股價右方有個「Key Ratios」，點一下，就會看到「Debt / Equity」，這個就是我們要看的 D/E 負債比（如圖 4-4-2）。

▲ 圖 4-4-1 （資料來源：morningstar.com）

▲ 圖 4-4-2 （資料來源：morningstar.com）

我們可以看到微軟的負債比是 0.33，有符合我們的評估標準，因此可以給 1 分。

再來看另一間公司蘋果（股票代碼：AAPL）的 D/E 負債比，如圖 4-4-3。

▲圖 4-4-3（資料來源：morningstar.com）

你會發現蘋果的負債比是 1.95，算滿高的，沒有達到我們的標準，所以就不給分了。

沒有在 D/E 負債比這個指標得到分數，不代表這間公司不能投資，因為公司的獲利能力與競爭優勢有可能非常強勁，負債高對這間公司的影響較小。還是老話一句，我們要經過

綜合評估，才能確定什麼公司可以投資、什麼公司要避開，
你可以多多練習。

　　下一個章節就是最後一個指標了：員工人數。

4-5 從公司的員工人數看出端倪

終於來到最後一個指標「員工人數」。透過員工人數到底可以看出什麼端倪呢？如果有一間公司的員工越來越多，這是好事或壞事其實不能驟下定論，我們也不能只透過這項指標就評斷這間公司能不能投資，所以再回到珍奶店，來了解員工人數對一間公司的影響。

員工人數越多越好嗎？

先思考一件事：什麼情況下我的珍奶店員工人數會增加？不外乎就是開分店吧。那為什麼我會開分店呢？肯定是因為生意越做越大、錢越賺越多，才會有開分店的念頭。開分店當然需要新的員工來管理，所以我的員工人數也會越來越多，這是好現象，表示我的公司正在擴展。如果我選的分店地點人潮都很多，自然會帶動珍奶店的營運成長，對股東也是雙贏的局面。

假設我的珍奶店擴張了一段時間，在台灣擁有十間分店，

營運狀況也都維持得很好，但突然發生員工人數減少的狀況。很多人可能會認為是我的營運出現問題，比如因為疫情的影響，導致來客數下滑，因此我必須裁員來減少支出，嚴重一點可能還要關掉業績最差的分店。不管哪一種狀況，都會導致我的員工人數減少，這時投資人也要有所警惕，因為你投資的公司營運受到影響，連帶也會影響股東的分紅。

但**員工人數變少不完全是壞消息**，也有可能是我在進行部門或業務上的整合，讓營運更有效率。比如當初評估認為在某地區開兩間分店，收益會更高，但實際營運一段時間後，卻發現不如當初的預期，只開一間分店賺到的錢反而比開兩間分店更多。為了更有效率地賺錢，只好忍痛把其中一間營運較差的分店關掉，原本的員工一部分資遣，一部分派到其他分店支援，這樣也會導致員工人數減少。不過這麼做對公司的未來反而是好事，因為如果我堅持兩間分店都留著，有可能會因此危害到整個公司的獲利狀況，埋下一枚不定時炸彈。

員工人數的評估標準

由珍奶店的例子可知，員工人數增加是比較好的狀況，表示公司正在擴大營運。**員工是公司重要的資產與鑽石**，而一間優質企業也會吸引越來越多人才前去效力，所以這項指標

的評估標準，就是**過去十年公司的員工人數有越來越多的趨勢，就可以得到 1 分**。但可以不用這麼嚴格，因為我們還是要著重在公司的賺錢能力與效率，如果公司員工人數沒有增加太多，可是賺錢能力一直提升，也是一件值得嘉獎的事。所以在本章介紹的五大指標中，也只有員工人數這一項可以較為寬鬆地評估。

假如遇到公司某一年的員工人數變少，也不用太慌張，還記得前面提到的珍奶店的狀況嗎？若是為了公司的未來著想而做出裁員的決定，基本上也可以給分——當然你如果不確定，也可以不給分，畢竟這也是需要深入了解才會知道的。

一間公司營運的時間一久，難免會有不合時宜的部門，或是工作產出與薪資不符合的員工，這時如果放任不管，長久下來對公司肯定會有不好的影響，股東也不會樂見這種情況。所以當你發現公司員工人數有異常或怪怪的，可以去該公司的官方網站查詢一下發生了什麼事、為什麼公司要做出這樣的決策、這個決定對公司是好是壞，這樣你才會知道要不要給分。

接下來我會舉幾間公司當範例，示範如何查詢公司的員工人數，以及評估時要注意些什麼。

查詢上市公司員工人數與實際案例分享

第一間公司,我們來看看蘋果的員工人數狀況(股票代碼:AAPL)。使用的網站是:Macrotrends(macrotrends.net)。

進入 Macrotrends 首頁,在搜尋列輸入「AAPL」(或公司名稱),會出現一串選單(如圖 4-5-1)。

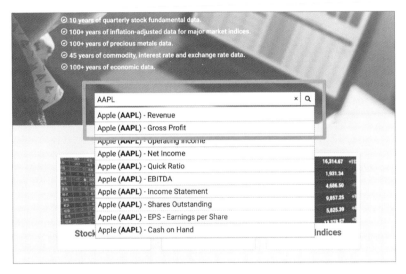

▲ 圖 4-5-1(資料來源:macrotrends.net)

點選其中的任何一項(Revenue、Gross Profit 等等皆可),進入下個頁面後,再依序點選「Other Metrics」→「Number of Employees」(如圖 4-5-2),就會出現蘋果公司的員工人數資料。

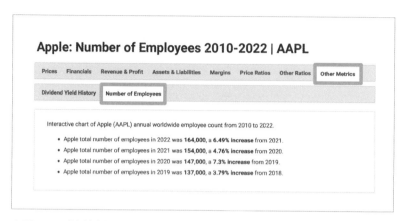

▲圖 4-5-2（資料來源：macrotrends.net）

往下滑，就可以看到柱狀圖（如圖 4-5-3）。

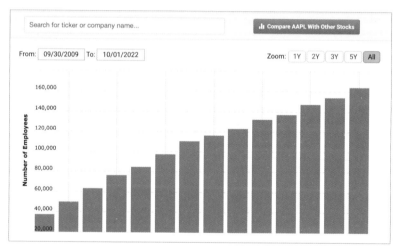

▲圖 4-5-3（資料來源：macrotrends.net）

蘋果這間公司的員工人數，過去十年有越來越多的趨勢，而且很明顯一年比一年多，所以就可以得到 1 分。

再來看看微軟（股票代碼：MSFT）。要如何切換到其他公司呢？不必回到 Macrotrends 的首頁，直接在柱狀圖上方的搜尋列輸入你要查詢的股票代碼即可（如圖 4-5-4）。

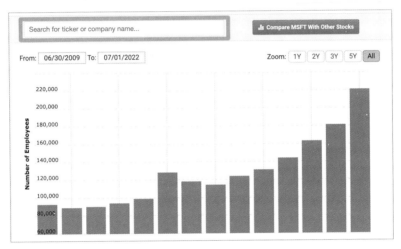

▲ 圖 4-5-4（資料來源：macrotrends.net）

雖然微軟的員工人數沒有像蘋果那麼漂亮，還是看得出來有越來越多的趨勢，因此我也會給 1 分。

那如果是奇異電子（General Electric，股票代碼：GE）呢？（如圖 4-5-5）。

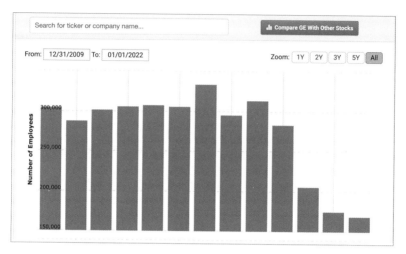

▲ 圖 4-5-5（資料來源：macrotrends.net）

　　基本上我就不會給分了，因為從 2018 年開始就陸續下滑，很明顯最近幾年的員工人數越來越少，當然也沒有符合我們的評估標準囉！

　　員工人數算是本章提到的五個財報指標裡最簡單的一個，評估起來也可以稍微放寬標準。

　　在綜合評估時，如果遇到這五個指標都得分的公司當然很棒，但這樣完美的公司為數不多，所以我會建議，滿分 5 分裡有得到 **3 分以上**的公司，就可以進行下一章會提到的估價與資產配置，低於 3 分的就直接放生吧。

評估好公司的五大關鍵指標：

❶ **每股盈餘（EPS）**：公司幫股東淨賺多少錢。

· 評估標準：**過去十年穩定成長**，可得 1 分。

· 查詢網站：roic.ai

· 或直接掃描 QR Code：

❷ **自由現金流（FCF）**：公司可以自由運用的現金。

· 評估標準：**過去十年每年皆為正數**，可得 1 分。

· 查詢網站：roic.ai

· 或直接掃描①的 QR Code。

❸ **股東權益報酬率（ROE）**：公司運用股東的錢賺錢的效率。

· 評估標準：**過去十年每年都大於 15%**，可得 1 分（超過 50% 要小心）。

· 查詢網站：roic.ai

· 或直接掃描①的 QR Code。

❹ **D/E 負債比**：每個股東身上揹了多少負債。

· 評估標準：**最新一年小於 0.5**，可得 1 分。

- · 查詢網站：morningstar.com
- · 或直接掃描 QR Code：

❺ **員工人數**：員工是公司的資產和鑽石。
- · 評估標準：**過去十年有越來越多的趨勢**，可得 1 分（標準可放寬）。
- · 查詢網站：macrotrends.net
- · 或直接掃描 QR Code：

滿分 5 分，綜合評估後獲得 **3 分以上**的公司才考慮投資，不滿 3 分的請直接淘汰。

第 **5** 章

抓住冷門鑽石股的進出場時機

透過上一章的五個財務關鍵指標,找到 3 分以上值得投資的標的後,別急著進場,因為要先知道現在的股價是不是合理的價格,即使是體質良好的公司,我們也希望可以用物超所值的價格買入,對投資績效更是一大益處。就如同我們消費時總是喜歡等打折才會大買特買,因為商品的本質沒變,改變的是商品價格,在股市裡也是如此。所以我們要學習如何估價,**以合理的價格買進好公司**。

我會在這一章分享三個常見的估價方式,以及需要注意的地方。除此之外,也會講到資產配置與賣出股票的原則。資產配置是非常重要的概念,對你的長期投資績效有很大的影響,所以請務必看到最後,而不是學完估價就開始到股市實戰,這樣風險是很高的!

5-1

本益比：
買貴還是買便宜了？

我們先來了解股市裡很常聽到的**本益比**（P/E ratio）的估價公式。如同本章節標題所說的，本益比是幫助我們判斷現在進場買這間公司，買貴還是買便宜的指標。如果你是第一次接觸投資理財或數學能力不是很好，請別擔心，計算公式一點都不複雜，重點是了解每個估價背後的意義，而且現在有許多網站都會幫你計算各個估價模型的數字，我也會盡量用淺顯易懂的方式解釋。所以收拾好心情，我們就準備開始吧！

什麼是本益比？

本益比是一種為企業估值的方式，根據維基百科的解釋，股票的本益比是指每股市價除以每股盈餘，通常作為判斷股票是便宜或昂貴的指標。它把企業的股價與其製造財富的能力連繫起來，所以簡單說，本益比就是公司股價與獲利能力之間的關係，透過這兩者的數值相除，來判斷現在的股價是

貴還是便宜，也是確認適不適合進場的依據之一。

　　相較於個股估價，本益比更常用來判斷整體股市或產業是否處於過熱的狀態，本益比的數值越高，表示股市越熱，股價也容易被炒作。這時反而要小心，不宜追高，因為你不知道這個泡沫什麼時候會爆掉，通常金融海嘯前夕，股市整體的本益比都高得異常。我稍後也會講到本益比的數字要如何判斷，在此之前，先來了解本益比是如何計算出來的。

本益比這樣計算

　　本益比的計算公式，其實就藏在它的英文名稱裡：P/E ratio。分子的 P 是 Price（股價），分母的 E 則是上一章學過的 EPS（每股盈餘），所以就是每股股價除以每股盈餘。你也可以把它當成本金與收益之間的關係，因為本金就是成本，就是你花多少「股價」買這檔股票；那投資就是當股東的概念對吧？收益指的是你投資的公司幫你賺了多少錢，而公司幫你賺多少錢，可以透過每股盈餘來了解。所以本益比計算公式的分子可以想成是你花了多少本金，分母則是公司帶給你的收益有多少；講白一點，本益比就是你投資的錢多久可以拿回成本，亦即**你的本金回本的速度**。

　　由此可知，本益比的單位是一個倍數的概念，通常以「年」為單位。假設有一間公司的股價為 100 元，EPS 是 10

元，那這間公司的本益比就是 100/10 ＝ 10——也就是說，我花了 100 元投資一間每年幫我賺 10 元的公司，那我多久可以回本呢？十年。所以，本益比數字越小，表示回本的速度越快；數字越大，回本速度越慢。身為投資人，當然希望回本速度越快越好，所以我們比較喜歡本益比小一點的股票。

但也不能一概而論，因為有些股票所屬的產業，比如科技業的本益比本身就很高了，這時你可以跟產業平均相比，找出本益比相對低的公司，或是自己跟自己比較，在該公司自身的本益比相對低點進場。可是這種找出相對值的估價方法，屬於比較積極的估價，除非你對你投資的公司非常了解，確定是財報指標幾乎滿分的公司，才會建議考慮用這樣的估價法進場，否則股市一有波動修正，你帳面上就會容易出現虧損，更會影響你投資的心情。

不同的本益比數字代表什麼？

了解本益比的概念之後，你一定會好奇，到底本益比的數字要多少比較好呢？首先，你要知道過去一百年來，美國大盤的本益比平均落在 P/E ＝ 15 左右，所以我們可以用這個當成基準點：如果有一間公司的本益比在 15 上下，就表示現在這檔股票的股價處於一般水平，不算貴，也沒有到很便宜；如果本益比大於 20，就表示股價偏貴，回本的速度變慢，市

場高估了這檔股票，現在買下去就不是一個合理的價格了。

既然本益比 15 是一般水平，20 以上又太貴，那要多少才是較為合理的價格呢？我們比較喜歡**本益比小於 12** 的時候。如果抓本益比小於 15，那只是比大盤好一點，所以要再抓個安全邊際，本益比小於 12 算是一個合理的價格，也表示被市場低估了，這樣回本的速度也會比較快。但有一個前提：**這間公司的獲利能力要穩定成長，也就是它的每股盈餘要得到完美的 1 分，這樣本益比的數字才不容易失真。**

回到本益比的公式。分母是每股盈餘，如果有一間公司的獲利能力忽高忽低，也會反映在本益比上。在股價變化不大的情況下，你以為你在物超所值的價格進場，殊不知當公司的獲利能力大減時，不僅回本速度變慢，也有可能連帶影響股價下跌，到時就欲哭無淚了！因此本益比的估價公式，切記一定要使用在財報評分 3 分以上，且每股盈餘有得分的公司。

小心本益比低的假象

本益比這個數字看起來好像越小越好，但也要特別注意以下兩種狀況，因為這兩者都會讓本益比看起來很小，讓你誤以為現在進場是個物超所值的好機會，卻有可能只是個假象，使你跌入數字的迷思。

狀況①：公司獲利突然大增

如果公司有一筆意外之財，導致獲利突然增加許多，在股價還沒來得及反應的狀況下，公司的本益比會看起來變小，讓投資人誤以為現在是進場的好時機——因為公司獲利突然增加，會讓本益比的分母每股盈餘變大，若分子的股價又沒有變動太多，本益比的數字就會變小。如果你只是看數字，就會以為現在股價到了合理價，盲目進場，反而讓賠錢的風險提高。

所以，應該要**確認這間公司獲利大增是一次性，還是可以持續下去的**。如果只是一次性的意外之財，那千萬要小心，不要只看估價就進場；假如你相信這間公司會持續獲利下去，再考慮進場。這也是為什麼我一再強調，投資自己了解的公司很重要，因為你不懂的公司，你無法分辨其營運狀況，反而會把思考外包，聽新聞、看媒體，或只憑一些消息就買賣股票，這些都是片面資訊，投資還是要學習獨立思考，才能提升賺錢的機率。

狀況②：股價下跌太快

第二個狀況是公司股價跌太快，也會導致本益比變小的假象。股價是市場決定的，越多人買，股價就會上升；越多人賣，股價就會下跌。賣股票當然有非常多理由，但不外乎是不看好這間公司未來的發展，可是市場不見得是理性的，有

時拋售股票只是因為恐慌。當一間公司的股價下跌，但獲利能力沒有受到影響，本益比也會跟著變小，因為分子的股價變小了，這時反而是一件好事，因為公司的價值沒變，價格卻變低了，我們可以以用更吸引人的價格買進體質優良的公司。

但如果是公司的價格與價值都變低，那就不是個好現象了。美股的財報數據是三個月公布一次，所以本益比的分母每股盈餘會比較慢反應，這時如果股價短時間下跌太多，但財報還沒反應，也會導致本益比變小的假象。所以一定要留意**公司的本業是否受到影響**，如果本業受影響，那本益比再低、再便宜都沒有意義，因為這間公司有可能無法持續賺錢，甚至會虧損，更別提回本了！

查詢上市公司本益比與實際案例分享

了解本益比的概念、計算方式與該注意的地方之後，再來就要分享如何查詢上市公司的本益比。

我們可以到 Morningstar 的網站查詢（morningstar.com），這裡以大家都熟悉的 Google（股票代碼：GOOG）當例子。進入 Morningstar 首頁，在左上角的搜尋列輸入股票代碼「GOOG」（如圖 5-1-1）。

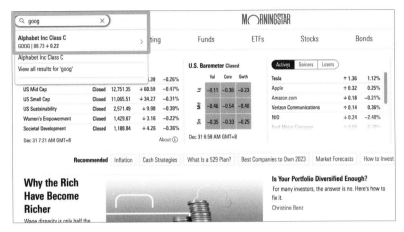

▲圖 5-1-1（資料來源：morningstar.com）

進入 Google 這間公司的頁面後，點擊「Valuation」，略往下滑，就會看到「Price/Earnings」（如圖 5-1-2），這個就是本益比。

滑到表格的右邊，可以看到「Current」，這指的是這間公司目前的本益比多少——以圖 5-1-2 為例，我們可以知道 Google 的本益比是 17.64。旁邊的「5-Yr」，則代表 Google 過去五年的平均本益比是 32.02。

如果只看 Google 目前的本益比 17.64，沒有小於 12，所以不是合理價；但如果你對 Google 的評分是滿分，每股盈餘有得到 1 分，那麼 Google 目前的本益比低於過去五年的平均，剛好處於**相對低點**，你要在這個時間點進場也可以，但切記做好資產配置，也不要買太多，因為像這樣找相對低點是比

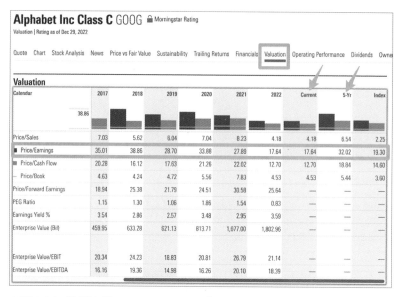

Calendar	2017	2018	2019	2020	2021	2022	Current	5-Yr	Index
Price/Sales	7.03	5.62	6.04	7.04	8.23	4.18	4.18	6.54	2.25
▪ Price/Earnings	35.01	38.86	28.70	33.88	27.89	17.64	17.64	32.02	19.30
▪ Price/Cash Flow	20.28	16.12	17.63	21.26	22.02	12.70	12.70	18.84	14.60
— Price/Book	4.63	4.24	4.72	5.56	7.83	4.53	4.53	5.44	3.60
Price/Forward Earnings	18.94	25.38	21.79	24.51	30.58	25.64	—	—	—
PEG Ratio	1.15	1.30	1.06	1.86	1.54	0.83	—	—	—
Earnings Yield %	3.54	2.86	2.57	3.48	2.95	3.59	—	—	—
Enterprise Value (Bil)	459.95	633.28	621.13	813.71	1,077.00	1,802.96			
Enterprise Value/EBIT	20.34	24.23	18.83	20.81	26.79	21.14	—	—	—
Enterprise Value/EBITDA	16.16	19.36	14.98	16.26	20.10	18.39	—	—	—

Alphabet Inc Class C GOOG 🔒 Morningstar Rating
Valuation | Rating as of Dec 29, 2022

Quote Chart Stock Analysis News Price vs Fair Value Sustainability Trailing Returns Financials Valuation Operating Performance Dividends Owne

Valuation

38.86

▲ 圖 5-1-2（資料來源：morningstar.com）

較積極的估價方式，並不是每一間公司都適用，所以要特別注意。

很多網站都可以查詢上市公司的本益比，你可以依照自己的需求，選擇最適合自己的網站，這個不會影響估價太多，但不要一直換來換去，固定用同一個網站查詢即可。只不過Morningstar 這個網站可以看到公司過去十年的本益比，以及五年平均本益比，我個人覺得滿好用的。

股息殖利率：
要抓多少算合理？

5-2

第二個要分享的估價是**股息殖利率**（Dividend yield），使用這個估價進場的人，就是看好這間公司的股息發放品質，亦即我們常聽到的現金流概念。至於股息殖利率該如何計算、殖利率越高是否越好，就讓我們繼續看下去吧！

什麼是股息殖利率？

股息殖利率是什麼意思呢？其實很簡單，你可以把它想成是**股息的回報率**，就是你買了一檔有配發股息的股票，領到的股息跟你當初購買的成本相比，回報有多高。以 5% 的股息殖利率來看，相當於你花了 100 元購買一檔每年會配發給你 5 元股息的股票。股息通常是指現金股息，美股的股息幾乎都是發現金為主，台股也大部分配發現金股息。

相信大家都有銀行的帳戶吧？不管是定存還是活儲，都會發利息給你，定存的利息會高於活儲的利息，且不同的銀行，利息也不同──你可以把這個概念套用在股票上。股

息的殖利率類似銀行的存款利率，你把錢投資在不同的股票上，會領到不同殖利率的股息。有些股票發的股息多，有些股票發的股息少，但如何選擇才是重點，而不是只看殖利率就做出投資決定喔！

股息殖利率這樣計算

股息殖利率的計算公式不難，就是股息除以股價。分母的股價亦即我先前提到的成本，你花了多少錢買這檔股票，要看你買入當時這檔股票的股價是多少；而分子的股息有兩種計算方式，一種是看公司過去一年發過的股息，另一種則是預估未來一年會領到的股息。第一種方式，看過去發過的股息比較保守，至少是公司已經配發過的股息；第二種方式，預測未來的股息比較積極，因為是預估未來可以領到多少股息。我個人偏好第一種，喜歡保守的估價公式，因為**保守對投資是好事**。不過採取哪一種方式都沒有對錯，要以自己能承受的風險，以及對公司的了解程度來決定。

那麼，股息殖利率多少以上才算是合理價、才是我們可以接受的範圍呢？基本上有兩個數字可以參考：如果是**股息會成長的公司，我建議股息殖利率抓 4% 以上當作基準**，因為股息成長的威力已經非常強大了，所以如果有好公司出現 4% 的股息殖利率，我就會考慮進場，當然前提是要做好資產配

置；假如是**股息沒有成長但發放穩定的公司，股息殖利率則要抓到 5% 以上**，因為雖然股息沒有成長，但還是有發股息給股東，這時買入的價位會希望更漂亮一點，畢竟成本在你買進股票的當下就決定了，如果可以用更便宜的價格買入股息穩定發放的公司，報酬率也會比較好一點。

了解股息殖利率 4% 與 5% 的差別，以及應該拿捏的標準之後，再來要特別強調一點：股息殖利率並不是越高越好。千萬不要被數字迷惑，記得要觀察這間公司過去配發股息的歷史，看看是否持續穩定，中間有沒有暫停發放或突然減少發放，如果有，就要格外小心！千萬不要看到某公司的殖利率高達 20% 或 30% 就貪心買入，殊不知公司的營運狀況已經出現危機，導致下一年的股息難產，就算買入的價格再低、再便宜，你也可能領不到股息。**通常看到股息殖利率達 10% 以上的公司，我都會特別注意**，確認這間公司的財務體質是否良好，進而判斷這是個好機會，還是陷阱。

小心股息殖利率高的假象

高股息殖利率固然不錯，但若是曇花一現就不好了。所以接下來要說明股息殖利率高可能會有的假象，讓我們當個耳聰目明的投資人。

先來看看這間買到立馬回本、股息殖利率高達 152.38% 的公司（如圖 5-2-1）。

▲圖 5-2-1（資料來源：roic.ai）

如果只是看殖利率 152.38%，你是不是會很心動，覺得現買現賺？但仔細看這間公司的財報就會發現，它是最近這兩年才有發放股息（請見圖 5-2-1 的「Dividends per share」〔每股股息〕那一列）。再看「Earnings per share」（每股盈餘）那一列，會發現它也是最近這兩年才開始明顯賺錢，而且賺滿多的，所以股息才能發得如此大方。但你覺得這間公司會持續賺錢下去、持續發這麼多股息嗎？我個人對這間公司的信心非常薄弱，不僅財報數據未滿十年，沒有參考價值，公司的賺錢能力也不穩定，即使股息殖利率非常高，我還是不

會想投資這樣的公司。

假象②：股息殖利率高達 20%，且股息發放超過十年

　　再來看第二個例子：股息殖利率有 21.40%，股息發放也超過十年（如圖 5-2-2）。

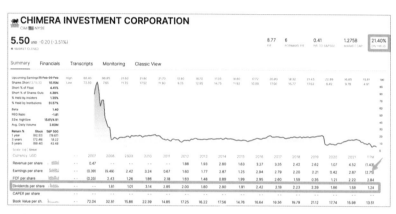

▲ 圖 5-2-2（資料來源：roic.ai）

　　這間公司看起來好像還行，但細看財報會發現，股息從 2020 年開始明顯越發越少。它最新一年的每股盈餘是負數，表示公司沒有賺錢，因此就算殖利率高達 20% 以上，我還是不會投資，因為我們要投資財報體質優良的公司，這是不變的定律。如果真的買入這種類型的公司，你會提心吊膽，擔心股息這項被動收入會不會突然斷掉或越發越少，這不是我們樂見的狀況。

上述兩種高股息殖利率假象，請務必謹慎判斷。買進任何一檔股票前，記得再三確認，更忌諱只看價格就進場，如此只會跌入數字的陷阱，所以請小心留意！

查詢上市公司股息殖利率與實際案例分享

再來就要分享到哪個網站查看上市公司的股息殖利率——可以到 roic.ai 這個免費網站查詢。

這裡以 3M（股票代碼：MMM）為例。先到 roic.ai 的首頁，在搜尋列輸入股票代碼，進入 3M 的財報頁面，股息殖利率就在右上角（如圖 5-2-3）。

▲ 圖 5-2-3（資料來源：roic.ai）

我們可以看到，3M 的殖利率有 4.93%，而且股息連續成長六十四年，因此可以用 4% 這個基準——目前 3M 的股息殖利率高於 4%，表示現在股價落入合理價；相反地，如果查出來的殖利率低於 4%，表示現在股價偏貴。

你可以試著練習看看。另外，查詢股票的殖利率時，可以順便再次檢視這間公司的每股盈餘與股息發放紀錄是否良好，免得不小心落入高股息殖利率的假象。

當然，查詢股息殖利率的網站很多，也可以直接在 Google 上面搜尋，但切記不要一直變換查詢網站。沒有最完美的網站，只有最適合你自己的，現在就可以開始選擇最適合自己、你也用得習慣的網站囉！

5-3 現金流折現法：估出公司的內在價值

　　最後要分享的是可以估出一間公司**內在價值**的計算模型，這也是本書提到的三個估價中最複雜的估價公式。不過別擔心，複雜的計算交給網站，知道去哪邊查詢即可，前提是要先搞懂這個公式的含義與限制，以免跌入數字的迷思。

何謂公司的內在價值？

　　股神巴菲特說過：「**上市公司的內在價值，就是該企業在未來所能產生的自由現金流量折現後的總和。**」

　　巴菲特提到的估價方法，叫作「現金流折現法」（Discounted cash flow，簡稱 DCF），也有人稱之為「自由現金流折現法」，是一種預測公司未來會產生多少自由現金流，透過折現，回推現在應該值多少錢的估價方法。許多人認為這是正確的估價模型，但 DCF 的計算方式非常複雜，且裡面有需要預測的數字，而只要是預測就會有失誤的風險。公司未來一年、兩年的獲利狀況或許還能簡單預測，如果要

預測到未來十年，難度就變高了，所以 DCF 這個估價方法很吃你對這間公司的了解程度，越了解，算出來的數字才會越準確。

現金流折現模型的三個變數

了解 DCF 的基本概念後，再來要認識一下計算公式。基本上，公式大概長這樣：

$$DCF = \frac{CF_1}{(1+r)^1} + \frac{CF_2}{(1+r)^2} + \frac{CF_3}{(1+r)^3} + \cdots \frac{CF_n}{(1+r)^n}$$

相信不是數學系的你看到這個公式，應該會一個頭兩個大。這到底要怎麼算啊？別擔心！我前面說過已經有網站幫忙計算好了，你只需要先理解這個公式的概念即可。

現金流折現法 DCF 的計算公式有三個變數，分別是未來的自由現金流（CF）、時間年度（n），以及折現率（r）。接著就來分別認識一下這三個變數。

未來的自由現金流（CF）

這裡指的自由現金流，跟章節 4-2 提到的自由現金流（FCF）是一樣的意思。自由現金流是公司真正可以運用的現金，只是在使用 DCF 的計算公式時，需要預測這間公司未來

每一年可以產生多少自由現金流，通常會以過去的表現與成長率來預估未來的數據。當然，如果你夠認識這間公司或內部高層，預估出來的數字會更準確，但即使擁有再多資訊，預估的數字也不會跟未來完全一樣。

時間年度（n）

這個時間年度，指的是你要預估到多久，通常會抓未來十年，或者可以更保守一點，抓未來五年。基本上會以十年為基準，因為時間越長誤差越大，未來會發生什麼事沒人知道，所以抓十年就可以了。

折現率（r）

這個折現率，你可以簡單想像成：將未來的錢折算到現在應該價值多少所使用的利率。折現率的評估方式很複雜，你先理解概念即可。

我用一個很簡單的例子說明：假設我存了 100 萬台幣到銀行當定存，以利率 1% 來複利計算，五年之後我大約會有 105 萬台幣，所以在折現率為 1% 的前提下，現在的 100 萬等於五年後的 105 萬。

你也可以理解為，透過合理的折現率，將這檔股票未來產生的報酬折現到現在價值是多少，再與當下的股價相比，看看是否可以投資。

現金流折現模型計算五步驟

① 成長率（Growth rate）

第一步要先計算這間公司的成長速度。為了了解公司的成長速度，通常會以公司過去的成長率為主。你可以用每股盈餘或自由現金流的成長率，但我會建議以**自由現金流**為基礎，因為計算起來較為保守。

在看公司過去的成長率時，通常以**十年**的成長率為基準，畢竟我們是要預估公司未來十年的成長速度，所以看長期的成長率比較不容易失真；除非十年成長率的數字很奇怪，或是你對這間公司更了解，那可以抓其他的數字。

② 成長價值（Growth value）

基於第一步驟找到這間公司的成長率，去計算公司未來十年可以賺到多少的自由現金流，加總起來就是這間公司的成長價值。但要特別注意：**成長率這個數字不要抓太高，也不要太樂觀，前期成長很快的公司不代表未來也會快速成長。**

③ 通貨膨脹率（Inflation rate）

為什麼要考慮通貨膨脹呢？因為我們在計算 DCF 時，會考慮這間公司成長到某個時間點（通常以十年為主）就停止成長，或緩慢成長，但公司停止成長不代表不能繼續賺錢，因

為有通貨膨脹，所以公司販售的商品或服務可以漲價。有漲價，公司的收入也會跟著成長，因此需要計算通貨膨脹率，來了解公司停止成長之後產生的價值是多少。**通膨率通常會抓** 3 ～ 4%。

④終值（Terminal value）

如同第三步驟所說，公司停止成長或緩慢成長後，因為通貨膨脹賺到的自由現金流加總起來，就是終值。

⑤現值（Present value）

將第二步驟算出來的成長價值，和第四步驟的終值加總起來，透過合理的折現率（通常抓 10%），回推現在應該值多少錢。而現值也就是透過現金流折現模型計算出來的合理價。

現金流折現法的使用前提

現金流折現公式理論上很美好，實際運用起來卻容易失真，不僅需要預測公司未來產生的自由現金流，還有許多未知的因素都會影響算出來的數字，簡直是牽一髮而動全身。所以在使用現金流折現法幫一間公司估價時，請特別留意以下兩種狀況。

一、不熟的公司請勿使用

因為需要預測公司未來的自由現金流，所以碰到你不了解、不在你知識圈的公司，估算起來會更不準確，有時誤差只有 0.XX，最終算出來的估值可能差個十萬八千里，導致你以為的合理價不是真的合理價。先別說該不該進場，不熟的公司本來就不應該投資，如果真的要投資，也該先弄懂，而不是直接幫公司估價就決定是否買入。

二、每股盈餘與自由現金流這兩項數據一定要得分

我前面提過，財報指標 3 分以上的公司才會進入估價環節，這邊再加一個但書：3 分以上的公司裡，每股盈餘與自由現金流有得分再使用現金流折現法估價，才更有意義，甚至是 4 分以上的公司我才會考慮用 DCF 估價。

為什麼呢？很簡單，因為 DCF 看的是公司未來的自由現金流，如果這間公司過去十年的賺錢能力每股盈餘與自由現金流都表現得很好，未來十年表現好的機率也會提升，使用 DCF 估價才比較不會失真；相反地，如果公司過去十年的每股盈餘與自由現金流表現不穩定，未來的表現就更難預測，使用 DCF 的意義就不大了。

上述兩種狀況一定要小心留意，估價前記得再檢視一下公司的財報體質，確認適不適合 DCF 這個估價法。

查詢上市公司內在價值與實際案例分享

前面提到複雜的計算交給網站,這裡就提供一個可以免費查詢上市公司內在價值的網站:Jitta(jitta.com)。

進入 Jitta 的首頁,在左上角的搜尋列輸入股票代碼(如圖 5-3-1)。

▲ 圖 5-3-1(資料來源:jitta.com)

這裡以蘋果公司(股票代碼:AAPL)為例。輸入股票代碼後,就會來到蘋果的頁面(如圖 5-3-2)。

頁面上的折線圖有虛線與實線,虛線(Jitta line)就是 Jitta 這個網站用現金流折現模型 DCF 的概念計算出來的內在價值,實線則是蘋果這間公司的股價走勢。從圖 5-3-2 可以很清楚地看出實線在虛線上面,這就代表目前蘋果的股價在 Jitta

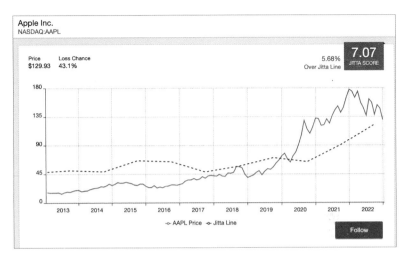

Apple Inc.
NASDAQ:AAPL

Price $129.93 Loss Chance 43.1% 5.68% Over Jitta Line **7.07** JITTA SCORE

-o- AAPL Price -o- Jitta Line

Follow

▲ 圖 5-3-2（資料來源：jitta.com）

計算的內在價值之上，沒有在合理價內，所以現在不是進場的好時機。

再來看看另一間公司 Google（股票代碼：GOOGL／GOOG）。輸入股票代碼「GOOGL」，進入 Google 的頁面（如圖 5-3-3）。

以目前的折線圖來看，近期的股價（實線）已經低於公司的內在價值（虛線），所以 Google 目前是處於合理價的狀態，而且股價在 Jitta line 下面，離得越遠代表安全邊際越大。但也不要太興奮就衝動買入，因為還要評估這間公司的各項財報指標，與確認自己是否足夠了解這間公司，而不是看到

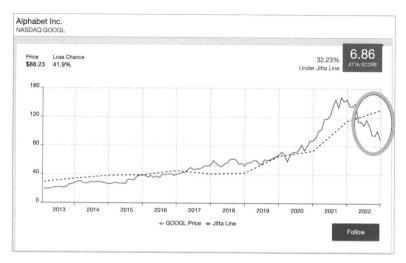

▲圖 5-3-3（資料來源：jitta.com）

物超所值的價格就買，結果忘記這間公司根本沒在賺錢，那你就是用一個看起來合理的價格買進一間體質不好的公司。如果又不小心花了太多錢買入，沒有做好資產配置，那就真的得不償失了！

Jitta 這個網站也可以免費註冊加入會員，登入進去後可以看到更多資訊，比如公司過去九年的財報、建立觀察清單、各種篩選條件等等，有興趣的人可以去摸索看看。此外，Jitta 也有推出手機 App 版本，在首頁就可以下載，不需要電腦，只要手機就可以登入使用，對出門在外臨時想要研究股票的人是個很方便的設計。目前 Jitta 網站或 App 都是免費的，你可以依照自己的需求決定是否長期使用。

目前為止，我們已經學會了本益比、股息殖利率及公司內在價值三個估價方法。還是要不厭其煩地再次提醒，先針對有興趣的股票進行財務指標評估，達到 3 分以上再幫該公司估價，沒有 3 分的股票就放生吧，你一定可以找到更好的投資標的，不需要單戀一枝花。

　　接下來就要分享一個非常重要的概念：資產配置。這關乎你能不能長期賺錢，所以請繼續閱讀下去。

5-4 如何做好資產配置？

　　提到資產配置，一般是指將投資分配在不同種類的資產上，但在本書中，則專指**股票的資產配置**。

　　很多高資產人士確實會將投資配置在不同的金融商品，比如股票、債券、不動產、黃金、古董字畫，甚至虛擬貨幣等等，但他們會這麼做，主要是為了保有財富，而不是以增值為目的。

　　以股債配來說，歷史數據已經證明股票搭配債券沒有發揮太大的作用，甚至最近幾次的熊市，股市與債市都是往下，透過投資債券保護你的投資組合的效果慢慢式微。所以，我們專注在股票的資產配置，等到你的資產累積到一定程度，再考慮分散到其他金融商品也不遲。

　　資產配置的概念其實很簡單，操作起來也沒有什麼難度，卻很容易讓人忽視其重要性。為什麼呢？因為人性！

　　我們都有貪婪、恐懼與嫉妒的一面，如果你非常看好一檔股票，甚至認為投資下去獲利可以翻倍、翻倍再翻倍地成長，很多人往往就會押身家買入，幻想著美好的未來。殊不

知沒有做好資產配置，無疑是提前從股市領取畢業證書，賠光了積蓄還不打緊，更可怕的是，如果借錢投資股市，只會負債、負債再負債，最後還可能出現在新聞媒體的社會版頭條，這樣就違背了投資的初衷，著實可惜！

為什麼要做好資產配置？

為了讓大家更了解資產配置的重要，我舉一個極端的例子說明。假設我剛出社會工作，只有台幣 5,000 元可以投資，我選了五檔標的，平均各投入 1,000 元，結果這五支股票只有一支賺錢，其他四支股票的報酬都是負的（如圖 5-4-1）。像這樣的投資組合經過一年，請問是賺錢還是賠錢？

台幣 5,000				

投資標的	A	B	C	D	E
投資金額	1,000	1,000	1,000	1,000	1,000
投資標的	A	B	C	D	E
每年報酬率	20%	-20%	-20%	-20%	-20%

▲ 圖 5-4-1

答案肯定是賠錢嘛！因為五支股票只有一支幫我賺錢，其他的都在虧錢，怎麼看都是一個賠錢的配置。但如果把這麼爛的投資組合放著，經過二十年，請問會賺錢還是繼續虧錢呢？

答案究竟如何？我們來看一下圖 5-4-2。

年	金額					
	A	B	C	D	E	Total
投資金額	1,000	1,000	1,000	1,000	1,000	5,000
5	2,488	倒了！	327	327	327	
10	6,191	0	倒了！	107	107	
15	15,407	0	0	倒了！	35	
20	38,337	0	0	0	倒了！	38,337
年化報酬率	20%	-100%	-100%	-100%	-100%	10.7%

7x 你的 5,000 會成長到 38,337

▲ 圖 5-4-2

表格中的 B、C、D、E 四支股票再怎麼虧錢，最多就是把當初投入的 1,000 元全部賠光光，但 A 股票持續在賺錢。若以平均每年 20% 的報酬複利計算，你會發現一個驚人的事實：當初投入 A 股票的 1,000 元經過二十年的時間，成長到 38,337 元。那麼回到整個投資組合，當初投入本金 5,000 元，最終結果是 38,337 元，我的本金翻了七倍多，而這個投資組合的年化報酬率大約是 10.7%。

不知道大家有沒有發現，**即使選股功力不是很好，但只要**

懂得資產配置，加上長期持有的威力，你的投資組合還是能賺錢。這也是為什麼要做好資產配置，因為你永遠不知道你買的股票會不會哪天就下市倒閉，我們也無法精準預測下一次的金融海嘯什麼時候發生，這些都是不可控的因素，但是要不要做好資產配置、花多少錢買一檔股票、買入多少股、買什麼股票等等，這些則是我們可以控制的。所以，**請專注在自己真正可以控制的事情上，做好資產配置，才能有效分散風險**。

資產配置的三個準則

了解資產配置的重要性後，接下來有三個準則，是你未來在配置自己的投資組合時需要遵守的。細節都可以自行優化調整，大方向正確即可，因為每個人的資金狀況與可承受的風險不同，所以不像在評估公司的財報指標那樣一翻兩瞪眼。隨著投資經驗越來越豐富，相信你會內化成自己的一套系統，並且持續進步！

準則①：找到核心持股

首先，將你手上的股票採購清單做個排序。在日常生活中或透過 C.O.L.D. 系統找到有興趣的股票，並評分完畢後，將分數由大至小排列，未滿 3 分的公司不要投資，3 分以上的才

考慮。**排序的目的是找到你的核心持股**，有哪些股票是你評分較高的，這也代表你對這些公司的信心較足夠。不要幫那些未滿 3 分、但你很喜歡的公司找進場理由，請理性看待你的股票採購清單！我相信你一定會遇到很多常上新聞媒體的知名公司經過評分後，才發現原來分數這麼低。不用覺得驚訝，有些公司可以投資當股東，有些公司就乖乖當它的消費者即可，千萬別放太多感情與主觀意識在任何一檔股票上。

如果有滿分 5 分的公司，可以考慮當成你的核心持股，滿分的公司雖然不多，但還是有機會找到；若滿分的股票有兩支以上，我會建議一開始先選擇你最認識、最熟悉的公司作為核心持股，因為這個跟接下來的買入比重有關係。

我會在本書的附錄提供股票採購清單參考範本，歡迎自行優化調整。記錄的形式不拘，你可以選擇自己最喜歡的方式記錄，手寫也行，重點是行動，真的跨出去第一步，才會有好成績！

準則②：分配股票比重

找到很多很棒的公司後，到底要怎麼買、該買多少股呢？這裡提供一個方向：**一支股票最多投資 10%，核心持股與 ETF 最多可以投資 20%**。換言之，一檔股票你再怎麼喜歡、分數再高，最多不要超過你投資組合的 10%；如果是核心持股，可以到 20%；若你想加入 ETF 到投資組合也可以，但請

注意，一檔 ETF 最多占你投資組合的 20%，因為 ETF 本身就有分散風險的效果，所以比重可以占多一點。

還有一點要注意，上述比重在實際操作上一定會有起伏，因為股價每分每秒都在上上下下，所以不用每天調整你的投資組合，原則上**一年調整一次**即可。每次調整時請把握大方向，無須太計較每支股票的占比一定要剛剛好 10%，坦白說這也很難做到，所以大方向正確比花過多時間吹毛求疵更重要，這是滿多新手經常忽略的地方，特別提醒一下。

準則③：建議分散在至少五種不同的產業

最後一個準則是資產的相關性。我們都聽過雞蛋不要放在同一個籃子裡，所以投資股票也不要都集中在某一個產業，這樣不僅沒有分散風險，反而讓你的風險暴露在外，對穩定你的投資組合更是沒有任何幫助。

橋水基金創辦人瑞・達利歐（Ray Dalio）談到投資的聖杯是：「希望找到十五支以上互不相關的投資或回報流，創建自己的投資組合。」十五支以上互不相關的投資標的或許太多，但其實只要五支不相關的股票，就能大幅降低投資組合風險與賠錢的機率，超過十五支，差異就沒有很大了。因此我會建議你的**投資組合至少要有五種不同產業的優質股票，如此才能有效分散風險，提升賺錢的機率。**

想要找到不同產業的股票，你可以到篩選器網站找尋靈

感，或是從食衣住行育樂這六個方向去思考——平常喜歡吃些什麼食物、穿什麼品牌的服飾、自住或租的房子的建商、交通運輸工具、教育類及平時的休閒娛樂活動，這些背後都隱藏著許多美股上市公司，你可以考慮將之變成你的投資組合，但別忘了要先評分，有 3 分以上的公司才能投資喔！

資產配置實例說明

接下來我會實際配置一次給大家參考。**切記！裡面提到的股票只是示範用，你還是要獨立思考，千萬不要盲目跟單。** 每個人的知識圈與興趣圈都不同，想要買的股票一定不會一樣，請遵守上述三大準則去配置你的投資組合，細節都可以自行優化調整。

我個人習慣用圓餅圖規畫投資組合。把圓餅圖分成十個格子，一個格子的占比就是 10%，非常一目了然。這裡提供的資產配置範例，如圖 5-4-3。

核心持股部分，我的首選是股神巴菲特的公司波克夏（股票代碼：BRK.B）。這應該不須多做解釋了，它的平均年化報酬率 20%，而且我的投資理念與知識也幾乎建立在價值投資之上，所以選波克夏作為核心持股毫無懸念！

另外，我也配置了一檔醫療相關 ETF：XLV。因為醫療產業很難消失，只要人類繼續存活在地球上就會有需求，而人

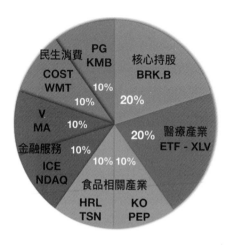

民生消費
PG
KMB
COST
WMT
核心持股
BRK.B
10%
20%
V
MA
10%
20% 醫療產業
ETF - XLV
金融服務
ICE
NDAQ
10%
10% 10%
食品相關產業
HRL
TSN
KO
PEP

▲圖 5-4-3

口老化加劇也會讓這個產業更加發達。但這不在我的知識圈內,所以只好選擇相關的 ETF 來配置。

再來是食品相關產業。畢竟民以食為天嘛,不管有沒有戰爭、疫情或金融海嘯,人都要吃東西,所以我配置了可口可樂(股票代碼:KO)、百事可樂(股票代碼:PEP),以及荷美爾食品公司(股票代碼:HRL)、泰森食品公司(股票代碼:TSN)這兩間肉類食品加工企業。

金融服務相關產業,我配置了 Visa(股票代碼:V)、萬事達卡(股票代碼:MA)這兩間信用卡公司,因為只要人類會繼續消費買東西,就很難脫離信用卡,即使電子支付崛起,還是得綁定信用卡,所以配置了這兩間公司。另外兩間則分別是洲際交易所集團(股票代碼:ICE)及那斯達克交易所

（股票代碼：NDAQ）。洲際交易所集團旗下有歷史悠久的紐約證券交易所，而把交易所納入投資組合，不管人們喜愛交易什麼金融商品，我都能從中賺錢。

最後是民生消費相關產業，就是我們生活中一定會使用到的商品或服務。我配置了大家熟悉的寶僑（股票代碼：PG）、舒潔衛生紙的母公司金百利克拉克（股票代碼：KMB）、會員制的美式賣場好市多（股票代碼：COST），以及全世界最大的零售商沃爾瑪百貨有限公司（股票代碼：WMT）。這幾間公司除了跟我們的生活息息相關，股息配發也是年年成長，沒有道理不放在配置當中。

以上就是一個簡單的範例，帶你了解資產配置的準則，以及如何實際操作，希望看完本書的你真的會行動。如果有先配置好投資組合，才會知道該買什麼股票、買多少股，而不是看到好公司就買，買到最後比例失衡，自己都不知道。

此外，資產配置是一個動態平衡，一年調整一次即可。掌握大方向，多多練習、累積經驗後，自己就會知道該如何優化細節了。

接下來，我們就要來看看什麼時候該賣股票囉。

5-5

賣股票的時機

　　我希望你閱讀本書的時候，不是一開始就直接翻到這個章節。許多人對投資股票有很大的刻板印象，總覺得要賣出股票變現，才是真的有拿到錢。除非你是做短期交易，買賣股票只看價格，那我沒話說，因為你的投資方式跟我要分享的概念不同；但如果你認同投資就是當股東，應該不會隨隨便便就賣出手上的持股，因為你投資的公司若有持續賺錢，身為股東的你也會越賺越多。

　　可是遇到某些狀況，該賣股票的時候還是要賣，千萬不要愛上你買的任何一支股票。請冷靜理性地對待你的投資組合，該賣就賣，能捨才能得！

長期持有股票，報酬才能最大化

　　對於投資股市，股神巴菲特說過非常多至理名言。他曾說過「**我最喜歡的持股期間是永遠**」，也說過：「如果你沒有把握持有一支股票超過十年，那連十分鐘都不必考慮持

有！」由此可知，巴菲特非常認同要長期持有好公司，而事實也證明他所言不假。

我們繼續往下看一個數據（如圖 5-5-1）。

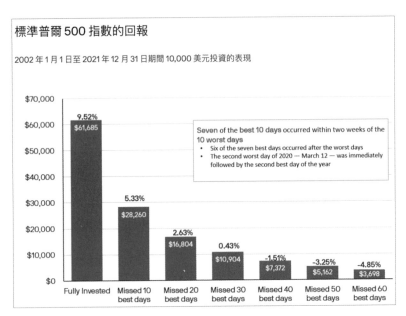

標準普爾 500 指數的回報

2002 年 1 月 1 日至 2021 年 12 月 31 日期間 10,000 美元投資的表現

Seven of the best 10 days occurred within two weeks of the 10 worst days
- Six of the seven best days occurred after the worst days
- The second worst day of 2020 — March 12 — was immediately followed by the second best day of the year

| | 9.52% $61,685 | 5.33% $28,260 | 2.63% $16,804 | 0.43% $10,904 | -1.51% $7,372 | -3.25% $5,162 | -4.85% $3,698 |

Fully Invested / Missed 10 best days / Missed 20 best days / Missed 30 best days / Missed 40 best days / Missed 50 best days / Missed 60 best days

▲ 圖 5-5-1（資料來源：J.P. Morgan Asset Management）

這份圖表是摩根資產管理公司（J.P. Morgan Asset Management）做的一份統計，顯示的是你在 2002 年 1 月 1 日投入 10,000 美元到美國大盤，一直持有到 2021 年 12 月 31 日會有怎樣的表現。

如果你長期持有，中間都沒有賣掉，那你的平均年化報酬

率是最左邊的直條 9.52%，本金從 10,000 美元變成 61,685 美元，翻了六倍多；但如果你錯過股市表現最棒的十天，你的報酬率直接降到 5.33%；錯過三十天，就變成幾乎不賺不賠的 0.43%；而錯過四十天以上，你就開始賠錢了，所以長期持有的重要性不言而喻。與其在那邊猜高摸低、殺進殺出，還不如乖乖地長期持有，你的報酬才能最大化。

此外，圖 5-5-1 右上方框框裡的文字統計出，過去二十年中，有七個股市表現最好的日子發生在股市表現最差日子的兩週內，而這七個股市表現好的日子裡，有六個是發生在表現最差的日子之後。這是什麼意思呢？很多人總想著要趁股市下跌前把手上的股票賣光，然後在股市即將反彈的時刻再次買入，連我也想要這麼做，但事實上，我們很難猜到哪裡是股市低點、哪裡是高點。理想總是很美好，現實卻會狠狠地搧我們一巴掌。別忘了我們有人性的一面，在股市大跌、一片恐慌的聲浪中，有人能夠勇敢地進場買股票嗎？即使過去二十年裡，有六個股市表現好的日子是在最差的日子之後，也要你敢在那個時候進場，而不是跟著拋售股票。這需要過人的智慧與膽量，如果沒有，還是乖乖地長期持有吧，**讓時間分散你的風險，才是較為安全的做法。**

買股票前，請寫下購買的理由

巴菲特在接受美國財經媒體 CNBC 訪問時說過：「**在你購買任何一支股票之前，寫下你的理由。**」為什麼要做這件看似沒有意義又不討好的事呢？原因很簡單：人是健忘的！每次購買股票之前，總是認為自己會記得為什麼要買，但才過了一天，打開下單軟體，看到昨天購買的股票，就開始懷疑自己是否提早得到老年痴呆，「為什麼要買這支股票呢？」「它怎麼會出現在這兒？」「什麼！原來我有買它喔！」這樣的疑問總是層出不窮。我看過許多人有這樣的「症狀」，所以不要嫌麻煩，請確實記錄，寫下你買任何一支股票的理由。不管是手寫還是用電子檔記錄都可以，總之就是要記得將買股票的原因寫下來。

你有寫過，才能更加確定你對這間公司的了解，增加投資信心。如果你連為什麼買都寫不出來，還敢投資嗎？這是否意味著你根本不了解這間公司，不懂的公司又為什麼要投資？而如果你寫出來的理由是媒體常報導、某投顧老師有買，這不就是在跟單嗎？跟單的下場會好嗎？

我相信大家都非常聰明，可以辨別什麼原因該買、什麼原因不該買。此外，買股票之前寫下理由，可以讓你更冷靜地判斷現在下單是因為衝動，還是真的有做好功課。不要輕忽這個小動作，也不要有僥倖心態，培養良好的投資習慣是維

持高報酬的關鍵，所以現在就準備好筆記本或電子檔案，確實記錄你購買股票的理由。

一般人賣股票的心態

什麼狀況下你會賣股票呢？價格到了？覺得賺夠錢了？趕快停損？或者完全是看心情？賣股票的理由百百種，生活急需用錢時當然也會被迫賣股票換現金，而一般人賣股票的時機，不外乎以下兩種狀況。

一、股價漲，想要獲利了結

看到自己購買的股票股價一直往上漲，你會不會有想要趕快賣掉，獲利了結的衝動？大多數人都會這麼想，因為大家都害怕之後股價跌下去再賣，賺的錢就變少，甚至會虧損。我們都不喜歡看到帳面上虧損，所以有賺錢的股票就趕快賣一賣，先把錢拿到手再說。結果你的持股部位只留下虧錢的股票，幻想著哪天漲上去再把它賣掉。

但是別忘了，股市有個莫非定律：股價什麼時候會漲？你賣掉的時候它就開始漲。什麼時候會跌？你買進的時候股價就開始跌！所以各位親愛的讀者，不要再因為股價起伏而影響你要不要買或賣這檔股票了，股價低還會更低，股價高還會更高，我們都無法準確預測何時是高點或低點，所以應

該回到投資的本質，也就是抱持當股東的心態。如果這間公司的體質還是好的，沒有改變，那就乖乖長期持有它的股票吧。除非你急需用錢，不然**長期持有好的公司才是獲利最大化的關鍵**，低買高賣只是一時的甜頭，把好公司賣掉，就享受不到後面漲上去的甜美果實了！

二、股價跌，想要停損出場

　　第二種狀況也是許多人投資股市常見的賣股時機：看到股價下跌就想趕快停損，因為擔心股價一直往下跌，跌到下市，就什麼都沒有了。這點確實有可能發生，但要看你是做「投資」還是「交易」。如果你很確定自己在做交易，有些投資商品與投資方法需要適時設定停損點，否則後果會很嚴重；但如果你是做「投資」，那很抱歉，我們應該要**視「價值」停損**，而非價格，也就是你投資的這間公司價值還在、還是一間好公司，那為什麼要賣掉呢？反而要趁著股價下跌、大打折扣的時機加碼好公司，但前提是要做好資產配置。

　　倘若你投資的公司股價下跌，結果公司的價值也跟著往下掉，甚至獲利已經開始出現虧損，這時才要賣掉你手中的持股。我們要長期持有好公司，而不是不好的公司，所以千萬別跟股票談戀愛，愛上你的持股，該賣的時候還是要果斷處理，不要覺得可惜或留戀，甚至抱著哪一天還會漲回來的遐想，這都是不切實際的。也不要因為現在帳面上是虧損，不

願意將股票賣掉，別忘了，股價低還會更低，不要被價格影響自己的判斷，該賣就賣，該留才留。

什麼狀況下才該賣出持股？

了解一般人賣股票的心態後，那麼，究竟什麼狀況才是賣股票的時機呢？很簡單，除了前面提到的「資產配置調整」及「公司價值變差」之外，還有以下兩種狀況可以參考。

一、當初買入的理由已不存在

這點跟前面提到的「寫下購買股票的理由」息息相關。沒有記錄，你就會忘記或不清楚，有記錄才會知道當初買這支股票的原因，而一旦購買的原因不存在了，也就構成了你賣股票的理由。比如我當初買麥當勞的股票，是因為這間公司賣速食產品，而這些薯條漢堡賣得很好，儼然成為大家晚餐或宵夜的備案；但如果麥當勞突然宣布公司要轉型，因為注重現代人的飲食健康，所以全面轉型為販售健康的有機食品，這個時候我就會賣掉麥當勞的股票，因為跟我當初買進的理由不同了，即使麥當勞轉型非常成功，我也會先賣掉，再重新評估是否再次買入，而不是在持有期間對它重新評估。

另外一個例子是，假設我今天購買迪士尼的股票，是因為它媒體娛樂、遊樂園、飯店及相關授權商品的商業模式很

成功，而且不管大人小孩都非常喜愛迪士尼，願意多花錢去消費相關產品或服務；但如果有一天，迪士尼宣布要進軍區塊鏈市場，發行米奇幣、唐老鴨幣等虛擬貨幣，我會覺得這樣的轉型太大，跟我當初認識的迪士尼不同，也不是我買入這間公司的初衷，而且區塊鏈、虛擬貨幣並不在我的知識圈內，那麼我就會賣掉迪士尼的股票。雖然迪士尼發生這種狀況的機率應該不高，但誰知道呢？搞不好會有某任執行長認為這麼做才能讓迪士尼發展得更好。不過，身為投資人的我們可以決定要不要繼續當迪士尼的股東，或者去尋找更好的投資機會。

二、出現更好的投資機會

當你發現有更好的投資機會，或者你評分更高的公司落入物超所值的價格時，如果你手上的現金剛好不夠，也可以賣掉股票去投資更好的標的。但是我會建議賣的時候不一定要全部賣光，可以賣一半或一部分去投資更好的標的，這樣你就能全部都持有好公司，畢竟小朋友才選擇，大人兩個都要！

不過我個人更傾向存更多錢去買它，而不是賣股票，所以手上握有現金的比例就很重要了。**現金就是氧氣**，股市大好的時候你不會有什麼感覺，一旦遇到金融海嘯，股市下跌，現金就扮演著很重要的角色，有現金才能適當地加碼買進好

的投資標的,沒有現金只能眼睜睜看著機會流逝,或是要變賣股票才能投資更好的標的。但是要切記,**不要借錢投資!**寧可錯過這次機會,也不要增加自己投資的風險。這是非常重要的概念,我會不厭其煩地一直提醒,希望大家可以聽進去。

以上就是比較適合賣股票的時機。每當你想賣股票時,記得翻到這個章節檢視一下自己的心態為何,千萬不要輕易賣掉好不容易用合理的價格買進的好公司,錯失了長期持有的機會。不要讓未來的你覺得後悔,要讓未來的你感謝今天的你做的每個決定。

本書也即將進入尾聲了,我會在下一章分享四間美股上市公司的實際案例,幫助你更加融會貫通地運用這些投資知識與評估方法。

❶ **三種為股票估價的方法**（3 分以上的公司才估價）：

◆ **本益比：判斷買貴還是買便宜的指標。**

· 概念：投入的本金多久可以回本。

· **使用前提：每股盈餘要得分。**

· **合理價：本益比小於 12。**

· 查詢網站：morningstar.com

· 或直接掃描 QR Code：

◆ **股息殖利率：每年領取股息現金流的回報率。**

· 概念：類似存款的利息。

· **使用前提：股息穩定發放。**

· 合理價：

　股息穩定發放且成長→ 4%。

　股息穩定發放無成長→ 5%。

· 查詢網站：roic.ai

· 或直接掃描 QR Code：

◆現金流折現法：估出公司的內部價值。

・概念：公司未來所能產生的自由現金流量折現後的總和。

・**使用前提：每股盈餘和自由現金流有得分，以及自己了解的公司。**

・**合理價：股價低於 Jitta line。**

・查詢網站：jitta.com

・或直接掃描 QR Code：

❷ 資產配置的三大準則：

・準則 1：找到核心持股。

・準則 2：分配股票比重（**一般股票占 10%，核心持股與 ETF 占 20%**）。

・準則 3：**建議分散在至少五種不同的產業。**

❸ 賣出股票的時機：

・當初買入的理由已不存在（**記得寫下購買股票的原因**）。

・出現更好的投資機會。

・資產配置調整。

・公司價值變差。

第 6 章

找到冷鑽股的實戰練習

先　恭喜你已經將本書閱讀至此，接下來就是實戰練習了。我會以四間美股上市公司為例，一步一步告訴你如何從 C.O.L.D. 篩選系統找到投資靈感、如何幫篩選出來的公司評估財報指標及估價。至於生活中找好股這部分比較簡單，能夠找到的投資靈感也滿多的，我就不示範了，歡迎翻到第二章去複習。

　　這一章主要是希望透過實際案例，幫助你在實務操作上更得心應手。你也可以先去本書附錄下載「股票採購清單」表格，跟著我一起練習。此外，本書提及的投資標的，請各位務必獨立思考，不要盲目跟單！我認為可以投資的好公司，不一定適合你，請對自己的投資行為負完全責任，一定要自己跑過整個評分流程，3 分以上的公司再考慮要不要投資。

家家戶戶
不可或缺的 WD-40

6-1

· **股票代碼**：WDFC
· **公司名稱**：WD-40 Company
· **公司簡介**：

從防鏽到潤滑、除膠、清潔皆可使用，家家戶戶都會有一罐藍黃配色的 WD-40。聽到名字你可能有點陌生，看到商品本人，你就會發現原來上次家裡房門開關有聲音，就是噴了 WD-40 潤滑劑讓它沒有聲音的；另外，你的愛車若有難以清潔的髒汙，只要輕輕一噴 WD-40 就能輕鬆擦掉，重點是不傷烤漆。

為什麼要取名為 WD-40 呢？根據維基百科的說明，1953年，一名化學工程師諾曼·拉森（Norman Larsen）在第四十次試驗時發展出最完美的配方，並且以原本寫在實驗紀錄上的名字「隔水劑，第四十次配方」（Water Displacement, 40th formula）命名，縮寫為 WD-40。

這間公司主要的業務範圍約 49% 在美洲，38% 在歐洲、中東與非洲，13% 在亞太地區，主力商品則是我們熟知的

WD-40 保養產品。

想要了解更多 WD-40 的發展歷史或用途，可以自行上網搜尋，我就不贅述太多。這裡的重點是，號稱一罐超過千種用途的 WD-40 是一間美股上市公司，它就是那種在生活中默默扮演重要角色，卻不常上新聞媒體的好公司。至於要不要當這間公司的股東，還是要先看看財報評估是否超過 3 分再做決定喔！

・**靈感來源**：S&P 600 小型股 ETF「VIOO」的成分股（如圖 6-1-1）。

Ticker	Holdings	CUSIP	SEDOL	% of fund	Shares	Market value
KWR	Quaker Chemical Corp.	747316107	2715186	0.25 %	62,524	$10,168,903
NPO	EnPro Industries Inc.	29355X107	2951292	0.25 %	95,456	$10,166,064
SCL	Stepan Co.	858586100	2845005	0.25 %	97,250	$10,156,790
JJSF	J&J Snack Foods Corp.	466032109	2469171	0.25 %	68,713	$10,142,726
CPK	Chesapeake Utilities Corp.	165303108	2190750	0.25 %	81,417	$10,126,646
ITRI	Itron Inc.	465741106	2471949	0.25 %	207,113	$10,125,755
WDFC	WD-40 Co.	929236107	2944742	0.24 %	62,542	$10,016,727
ELF	elf Beauty Inc.	26856L103	BDDQ975	0.24 %	228,568	$9,887,852
CALM	Cal-Maine Foods Inc.	128030202	2158781	0.24 %	174,241	$9,846,359
BLMN	Bloomin' Brands Inc.	094235108	B847RJ0	0.24 %	409,754	$9,838,194

Vanguard portfolio holdings disclaimer　　　　　　　　　　　　121-130 of 602 Page 13 ∨

▲ 圖 6-1-1（資料來源：investor.vanguard.com）

這間公司我是從 S&P 600 小型股相關的 ETF「VIOO」裡面的成分股找到的靈感。接下來，我們來看看財報指標評估有

沒有 3 分以上（五大財報指標如何查詢，請見第四章）。

財報指標評估

- **評估日期：** 2022 年 12 月 5 日
- **財報評分：** 總分 4 分（如圖 6-1-2）。

評估日期	股票代碼	EPS	FCF	ROE	D/E	員工	總分
2022.12.05	WDFC	1	1	1	0	1	4

▲圖 6-1-2（資料來源：股票採購清單）

①每股盈餘（EPS）： 得到 1 分（如圖 6-1-3）。

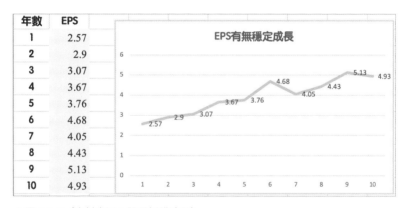

年數	EPS
1	2.57
2	2.9
3	3.07
4	3.67
5	3.76
6	4.68
7	4.05
8	4.43
9	5.13
10	4.93

EPS有無穩定成長

▲圖 6-1-3（資料來源：股票採購清單）

如果覺得看數字有點眼花撩亂，不確定這間公司過去十年的每股盈餘是否有穩定成長，可以善用附錄的「股票採購清單」下方第二個頁籤「視覺化」，把過去十年的每股盈餘複製貼上，就可以幫助你判斷有沒有得分喔！

WDFC 這間公司很明顯在每股盈餘這項財報指標是有分數的，雖然最近 2022 年的表現有點下滑，整體而言仍然可以給 1 分。

②自由現金流（FCF）：得到 1 分（如圖 6-1-4）。

Currency: USD		2007	2008	2009	2010	2011	2012	2013	2014	2015	2016	2017	2018	2019	2020	2021	2022
Revenue per share		18.02	19.06	17.69	19.36	20.02	21.54	23.75	25.41	25.93	26.56	27.01	29.33	30.68	29.84	35.63	37.96
Earnings per share		1.85	1.66	1.59	2.17	2.17	2.23	2.57	2.90	3.07	3.67	3.76	4.68	4.05	4.43	5.13	4.93
FCF per share		2.87	1.42	1.92	3.29	1.61	1.92	3.14	2.18	3.38	3.92	2.28	3.75	3.59	3.90	5.09	0.26
Dividends per share		0.97	1.00	1.00	1.00	1.08	1.15	1.23	1.34	1.49	1.65	1.90	2.12	2.38	2.63	2.79	3.07

▲ 圖 6-1-4（資料來源：roic.ai）

這間公司的自由現金流過去十年都是正數，因此可以得到 1 分，但要注意 2022 年突然變少，有沒有可能下一年變成負數，或是保持正向現金流，是需要觀察的地方。

③股東權益報酬率（ROE）：得到 1 分（如圖 6-1-5）。

ROIC		13.8%	12.8%	13.1%	16.2%	16.5%	17.0%	19.6%	22.7%	15.7%	19.2%	18.6%	29.8%	25.3%	20.7%	21.0%	21.5%
Return on capital		16.7%	15.5%	15.5%	19.1%	19.5%	17.2%	17.8%	18.4%	19.0%	21.9%	20.9%	25.0%	27.5%	21.5%	20.7%	20.0%
Return on equity		18.7%	16.8%	15.2%	18.4%	18.1%	19.1%	22.2%	25.8%	28.4%	37.5%	38.0%	41.9%	38.4%	37.9%	35.0%	35.7%
Plowback ratio		47.3%	39.6%	37.1%	53.9%	50.0%	48.6%	52.2%	53.9%	51.5%	55.0%	49.4%	54.6%	41.2%	40.6%	45.6%	37.6%

▲ 圖 6-1-5（資料來源：roic.ai）

從圖上可見，股東權益報酬率也是每一年都在 15% 以上，符合我們的評估標準，因此可以得到 1 分。

④ D/E 負債比：得到 0 分（如圖 6-1-6）。

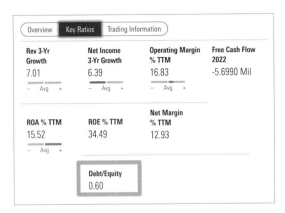

▲ 圖 6-1-6（資料來源：morningstar.com）

它的負債比很可惜沒有小於 0.5，所以在這個項目不給分。但是前面的三個指標都有得分，所以這間公司目前為止已經有 3 分了。

⑤**員工人數：得到 1 分**（如圖 6-1-7）。

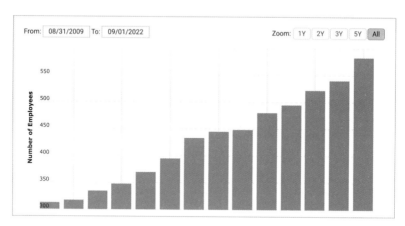

▲ 圖 6-1-7（資料來源：macrotrends.net）

　　員工人數毫無疑問有越來越多的趨勢，因此可以給分。

　　總計一下，在財報的綜合評估滿分 5 分裡，WDFC 這間公司就拿到 4 分，算是一個值得考慮投資的標的。接著就來估價，看看它有沒有在合理價。

價值評估

　　①**本益比**（P/E ratio）**：** 34.16（如圖 6-1-8）。

Valuation									
Calendar	2016	2017	2018	2019	2020	2021	Current	5-Yr	Index
880.25									
Price/Sales	4.42	4.38	6.26	6.34	8.92	6.88	4.42	6.17	2.17
■ Price/Earnings	32.12	31.72	39.50	48.29	60.38	48.06	34.16	42.94	18.67
■ Price/Cash Flow	27.74	31.84	39.47	42.72	50.16	39.66	880.25	70.51	14.00
— Price/Book	11.76	11.84	16.30	18.30	22.68	16.73	12.05	16.10	3.42
Price/Forward Earnings	—	—	40.16	—	—	—	31.15		
PEG Ratio	—	—	4.02	—	—	—			

▲ 圖 6-1-8（資料來源：morningstar.com）

目前 WDFC 的本益比是 34.16，沒有小於 12；但如果跟過去五年的平均本益比 42.94 比較，是**相對便宜的價格**，這樣的狀況若是要買進，我也不會買太多。雖然 WDFC 的本益比很難有小於 12 的時候，但誰知道呢？股市本來就無法被準確預測，可以買一點，做好資產配置，若是未來跌更多，再考慮是否加碼。

②**股息殖利率（Dividend yield）：1.81%（如圖 6-1-9）。**

US stock · Basic Materials sector · Specialty Chemicals

WD-40 COMPANY
WDFC ▦ NASDAQ

167.36 USD -5.14 (-2.98%)
● MARKET CLOSED

37.78	28	1.78	2.273B	1.81%
P/E	FORWARD P/E	P/E TO SALES	MARKET CAP	DIV YIELD

▲ 圖 6-1-9（資料來源：roic.ai）

很明顯沒有超過 4% 與 5% 的標準，因此以股息殖利率而言，不在合理價。但 WDFC 的股息發放穩定，最近十年也有越發越多的跡象，這都是可以繼續觀察的地方。

③股價 vs. 公司內在價值：股價在 Jitta line 之上（如圖 6-1-10）。

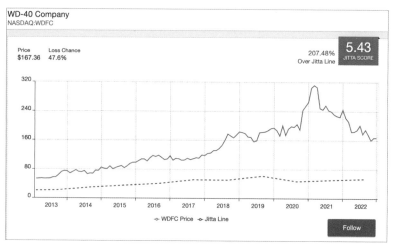

WD-40 Company
NASDAQ:WDFC

Price $167.36　　Loss Chance 47.6%　　207.48% Over Jitta Line　　5.43 JITTA SCORE

- WDFC Price -○- Jitta Line

Follow

▲圖 6-1-10（資料來源：jitta.com）

股價在虛線 Jitta line（以現金流折現模型估出來的公司內在價值）之上，表示現在股價偏貴。另外別忘了，使用 Jitta line 估價時，每股盈餘與自由現金流一定要得分，而 WDFC 的自由現金流在 2022 年下滑了許多，這點要特別留意。**如果自由現金流不穩定，也會導致估價失真，造成合理價假象出現。**

總結

WDFC 的財報評分有 4 分，屬於體質良好的公司，再來我就會去思考它的競爭優勢與風險是什麼。

我認為 WDFC 的競爭優勢在於有良好的品牌護城河，一提到潤滑劑，就會聯想到 WD-40。此外，商品的品質無庸置疑，若是為了省錢購買他牌潤滑油，使用起來品質真的差很多，你最終還是會回到 WD-40 的懷抱，甚至許多業界的專業人士會指定 WD-40 這個品牌。所以我想，這間公司要再繼續營運十年以上，應該沒有太大的問題。

風險的部分我覺得還好。或許有人會認為，WD-40 的配方為了避免被公開，所以沒有申請專利，以致只有極少數人知道，有可能成為公司能否存活下去的致命傷。不過，可口可樂的配方也是極機密，沒有申請專利，全世界僅有個位數的人知道其祕方，但可口可樂仍是營運超過百年的企業。所以，WDFC 這間公司肯定會像可口可樂一樣，將祕密配方存放在安全的地方，做好保護機制並分散風險，這點就交給公司高層去煩惱，我們則可以等待好的時機進場投資。

害蟲與白蟻的剋星 ROL

6-2

- **股票代碼**：ROL
- **公司名稱**：Rollins, Inc.
- **公司簡介**：

這間公司相信大家應該比較陌生，但它的業務內容你一定知道，甚至很需要。

ROL 是一間北美的害蟲防治公司，透過眾多的全資子公司，為七十多個國家、超過兩百萬的住宅與商業客戶服務。主要營收有三大部分：住宅害蟲防治約占 46%，商業害蟲防治約 34%，白蟻與其他輔助收入約 20%。

除蟲與白蟻防治公司可以做到上市，我覺得非常厲害。美國大部分的住宅不像台灣是公寓或電梯大樓，一、兩層樓的獨棟或聯排屋，有前後花園、停車場是很常見的，因此他們在蟲害或白蟻方面的相關需求也比較多。ROL 會透過收購其他相關公司來擴展自身業務與進軍其他國家市場，雖然目前似乎還沒進軍台灣，但誰知道呢？或許未來我們也能體驗到 ROL 的服務。

・**靈感來源：**C.O.L.D. 篩選系統的「內部人士持股比例」（如圖 6-2-1）。

Insider Ownership: High (>30%) | Insider Transactions: Any | Institutional Ownership: Any | Institutional Transactions: Any | Reset (1)

Overview | Valuation | Financial | **Ownership** | Performance | Technical | Custom | Charts | Tickers | Basic | TA | News | Snapshot | Maps | Stats

Total: 562 #41 save as portfolio | create alert Refresh: 3min | off Page 3/29

No.	Ticker	Market Cap	Outstanding	Float	Insider Own	Insider Trans	Inst Own	Inst Trans	Float Short	Short Ratio	Avg Volume	Price	Change	▾ Volume
41	JZXN	3.00M	21.43M	8.45M	60.55%	0.00%	1.80%	197.37%	1.16%	0.16	593.38K	0.14	-17.16%	2,270,649
42	HTHT	13.69B	310.78M	36.73M	56.40%	0.00%	46.60%	-1.98%	23.11%	5.37	1.58M	42.75	1.62%	2,107,016
43	MT	22.91B	892.00M	693.16M	44.80%	0.00%	6.40%	-2.81%	0.71%	1.73	2.86M	26.67	0.64%	2,028,032
44	NTES	43.13B	652.60M	647.93M	45.00%	0.00%	15.70%	-9.44%	0.79%	2.74	1.87M	68.21	-1.17%	1,988,284
45	ANGH	67.00M	25.77M	13.12M	50.47%	0.00%	16.80%	-1.26%	0.43%	1.34	41.83K	2.44	1.67%	1,915,996
46	SID	3.83B	1.33B	716.32M	54.50%	0.00%	2.30%	-26.15%	1.30%	2.09	4.45M	2.85	2.52%	1,860,641
47	MPLX	32.78B	1.01B	352.75M	64.70%	0.00%	23.30%	-2.79%	3.26%	6.71	1.71M	32.65	-2.07%	1,838,654
48	CNEY	16.85M	23.08M	10.69M	46.70%	0.00%	0.22%	-	0.06%	0.01	416.06K	0.73	2.72%	1,804,629
49	MTC	4.18M	3.14M	1.91M	40.22%	0.00%	5.90%	18.45%	2.04%	0.27	144.28K	1.13	-24.67%	1,772,932
50	EURN	3.74B	201.78M	120.13M	54.32%	0.00%	31.45%	-	1.32%	1.28	1.24M	18.55	-5.45%	1,765,233
51	BIVI	208.18M	27.21M	7.04M	76.95%	0.00%	2.10%	-39.74%	3.21%	0.41	546.62K	4.65	-10.75%	1,702,960
52	TTM	18.37B	664.26M	565.59M	41.80%	0.00%	4.80%	2.20%	0.48%	3.51	773.68K	25.19	-1.41%	1,662,413
53	YPF	5.99B	393.24M	193.36M	99.50%	0.00%	50.70%	3.22%	5.22%	4.05	2.50M	7.65	-1.67%	1,656,812
54	VEON	1.10B	1.75B	762.55M	39.60%	0.00%	18.40%	-1.82%	0.11%	1.04	826.68K	0.60	0.00%	1,639,650
55	ROL	19.27B	492.32M	234.09M	43.90%	-10.68%	43.40%	1.80%	5.46%	8.77	1.46M	39.21	-0.98%	1,581,248
56	DQ	3.62B	75.59M	68.16M	76.40%	0.00%	62.20%	6.23%	3.94%	2.17	1.24M	49.27	-4.72%	1,579,274
57	SB	336.50M	120.43M	70.49M	67.90%	0.00%	27.30%	-5.79%	4.34%	3.05	1.00M	2.80	2.94%	1,572,342
58	FOX	16.42B	240.22M	136.56M	43.15%	0.00%	55.98%	-	1.30%	1.38	1.29M	29.23	-3.05%	1,432,216
59	DRS	2.08B	194.73M	188.01M	49.10%	-	15.80%	-0.58%	0.38%	2.02	349.90K	10.75	-0.28%	1,416,565
60	GOL	623.94M	197.41M	167.85M	64.00%	0.00%	6.70%	-27.81%	2.45%	2.47	1.67M	3.05	5.17%	1,215,027

▲圖 6-2-1（資料來源：finviz.com）

這間公司我是從 C.O.L.D. 篩選系統的「O」內部人士找到的投資靈感。它的內部人士持股比例高達 43.9%，執行長蓋瑞．羅林斯（Gary Rollins）也持有約 1.3% 的股份。不僅是公司高層，員工更是自家公司的股東，我相信他們做的決策會偏向公司的長期利益考量，這也是我喜歡的狀況。

財報指標評估

・**評估日期：**2022 年 12 月 7 日

・**財報評分：**總分 5 分（如圖 6-2-2）。

評估日期	股票代碼	EPS	FCF	ROE	D/E	員工	總分
2022.12.07	ROL	1	1	1	1	1	5

▲ 圖 6-2-2（資料來源：股票採購清單）

①每股盈餘（EPS）：得到 1 分（如圖 6-2-3）。

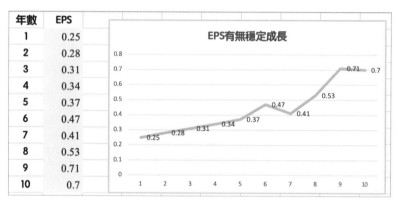

年數	EPS
1	0.25
2	0.28
3	0.31
4	0.34
5	0.37
6	0.47
7	0.41
8	0.53
9	0.71
10	0.7

▲ 圖 6-2-3（資料來源：股票採購清單）

這樣的每股盈餘表現，毫無懸念可以得到 1 分。除了 2019 年些微下滑，其他年份表現都很棒，逐年成長。

②自由現金流（FCF）：得到 1 分（如圖 6-2-4）。

Currency: USD	2006	2007	2008	2009	2010	2011	2012	2013	2014	2015	2016	2017	2018	2019	2020	2021	TTM
Revenue per share	1.88	1.76	2.03	2.13	2.28	2.43	2.57	2.71	2.87	3.02	3.20	3.41	3.71	4.10	4.40	4.93	5.35
Earnings per share	0.11	0.13	0.14	0.17	0.18	0.20	0.23	0.25	0.28	0.31	0.34	0.37	0.41	0.53	0.71	0.70
FCF per share	0.13	0.14	0.15	0.19	0.22	0.27	0.25	0.29	0.34	0.32	0.39	0.43	0.53	0.57	0.84	0.76	0.84
Dividends per share	0.03	0.04	0.05	0.06	0.07	0.08	0.13	0.13	0.15	0.19	0.22	0.25	0.31	0.31	0.33	0.42	0.48

▲ 圖 6-2-4（資料來源：roic.ai）

這間公司的自由現金流過去十年皆為正數，更棒的是有越來越多的趨勢，所以不囉唆，直接給 1 分。

③股東權益報酬率（ROE）：得到 1 分（如圖 6-2-5）。

ROIC		21.6%	22.5%	23.2%	25.4%	24.2%	24.1%	24.0%	24.5%	24.8%	25.4%	26.2%	24.2%	29.1%	14.8%	19.3%	23.6%	21.6%
Return on capital		21.0%	22.1%	19.9%	22.5%	23.3%	25.0%	25.5%	25.9%	27.2%	28.5%	28.4%	28.5%	28.4%	14.6%	19.5%	24.0%	22.1%
Return on equity		27.3%	27.7%	30.2%	31.7%	30.2%	31.1%	31.4%	28.1%	29.8%	29.0%	29.4%	27.4%	32.5%	24.9%	27.7%	32.4%	28.9%
Plowback ratio		70.5%	68.6%	63.8%	66.8%	60.5%	59.2%	42.3%	46.8%	45.0%	39.7%	34.9%	31.9%	34.1%	24.3%	38.5%	40.5%	31.6%

▲ 圖 6-2-5（資料來源：roic.ai）

股東權益報酬率的數字也很漂亮，過去十年都有維持在 28% ～ 29% 左右，表示經營團隊非常穩定，賺錢的效率也很漂亮，所以得 1 分。

④ D/E 負債比：得到 1 分（如圖 6-2-6）。

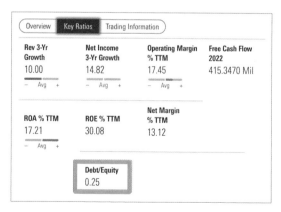

▲ 圖 6-2-6（資料來源：morningstar.com）

D/E 負債比是 0.25，小於我們的標準 0.5，因此也可以得 1 分。由此可知，ROL 把公司負債控制在安全範圍內，股東也會比較安心。

⑤**員工人數：得到 1 分**（如圖 6-2-7）。

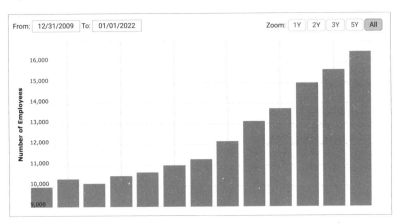

▲圖 6-2-7（資料來源：macrotrends.net）

　　員工人數也有越來越多的趨勢，可以得 1 分。

　　想不到除蟲這個產業還能有這麼大的發展空間，真是不容小覷！而且在財報評分上，ROL 拿到滿分 5 分，我想是一個非常值得持續觀察的標的。接著就來看看估價的部分吧！

價值評估

①本益比（P/E ratio）：56.01（如圖 6-2-8）。

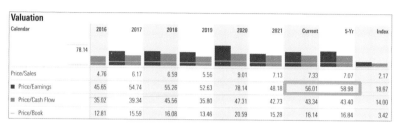

▲ 圖 6-2-8（資料來源：morningstar.com）

　　ROL 的本益比是 56.01，明顯偏貴，過去十年也幾乎都在 30 以上。但相較於過去五年的平均 58.98，現在的本益比較小，加上 ROL 是財報資優生，如果現在要進場買一點，我也不會反對，但記得要做好資產配置。

②股息殖利率（Dividend yield）：1.01%（如圖 6-2-9）。

ROLLINS, INC.
RCL ■ NYSE
US stock · Consumer Cyclical sector · Personal Services
39.21 USD -0.39 (-0.98%)
● MARKET CLOSED

58.52　47　2.76　19.310B　1.01%
P/E　FORWARD P/E　P/E TO S&P500　MARKET CAP　DIV. YIELD

▲ 圖 6-2-9（資料來源：roic.ai）

　　股息殖利率是偏低的 1.01%。雖然股息發放穩定，但成長的年數有限，所以我不會以領取股息當成買 ROL 股票的出發點。

③股價 vs. 公司內在價值：股價在 Jitta line 之上（如圖 6-2-10）。

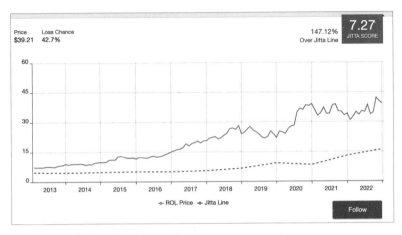

Price $39.21　Loss Chance 42.7%　147.12% Over Jitta Line　7.27 JITTA SCORE

-○- ROL Price　-◇- Jitta Line

Follow

▲ 圖 6-2-10（資料來源：jitta.com）

ROL 的股價在 Jitta line 之上，所以現在也不是進場的好時機。但它的每股盈餘與自由現金流數據都很漂亮，又穩定成長，如果有什麼重大事件或系統性風險，導致股市大跌，連帶影響 ROL 的股價，或許就是個進場的好機會喔！

總結

在財報評分上，ROL 得到滿分 5 分，絕對是資優生等級的公司。雖然估價部分都滿貴的，但往好處想，目前 ROL 股價大約 40 美元（以評估日 2022 年 12 月 7 日來看），換算成台

幣，差不多一股 1,200 多元，對本金較小的人似乎是一大福音，雖然不能只看價格就決定是否買入，但資金反而更能彈性運用。不過**估價偏貴還是要耐心等待，不要衝動行事**。

至於 ROL 的優勢，我想是只要人類存在，就會有害蟲防治這個需求，因為不管在哪個國家或地區，人都需要有房屋居住，而只要住在房子裡，就會有蟲害與白蟻相關問題。我們都希望居住品質良好，所以這個行業還是有存在的必要，只不過要思考 ROL 能不能做到有品牌護城河，不然遇到害蟲防治問題，我可以找價格更便宜的除蟲公司。此外，ROL 的併購策略也值得投資人關注，每一次的併購案是否都可以把錢花在刀口上，而不會危害到原有股東權益，這些都是值得多加留意的地方。

美味、營養又方便的百年企業 HRL

· **股票代碼**：HRL
· **公司名稱**：Hormel Foods Corporation（荷美爾食品公司）
· **公司簡介**：

成立於 1891 年的 HRL，是一間超過百年的企業，從一開始的食品肉類加工廠，到現在走向多元化的產品組合。營收方面，牛肉、豬肉、火腿、培根、午餐肉、雞肉等業務占了約75%，另外的 25% 則來自之前收購的紳士牌（Planters）旗下的堅果、零食、果醬類相關商品，例如吉比花生醬就是 HRL 旗下的產品。

這間公司是我最喜歡的民生消費必需品類型股票，生意模式也是大家容易理解的，甚至很多人每天都會吃到 HRL 旗下的商品，與其當消費者，不如也成為它的股東。雖然 HRL 的收入約 92% 來自美國本土，但也意味著未來可以擴大國際市場版圖，讓其他國家的人可以買到更多的 HRL 商品，增加營收之餘，也能提升品牌的知名度。

· **靈感來源**：股息成長五十七年（如圖 6-3-1）。

Symbol	Company	FV	Sector	No Years
AWR	American States Water Company		Utilities	68
DOV	Dover Corporation		Industrials	67
GPC	Genuine Parts Company		Consumer Discretionary	66
NWN	Northwest Natural Holding Company		Utilities	66
PG	The Procter & Gamble Company		Consumer Staples	66
PH	Parker-Hannifin Corporation		Industrials	66
EMR	Emerson Electric Co.		Industrials	65
MMM	3M Company		Industrials	64
CINF	Cincinnati Financial Corporation		Financials	62
LOW	Lowe's Companies, Inc.		Consumer Discretionary	61
JNJ	Johnson & Johnson		Health Care	60
KO	The Coca-Cola Company		Consumer Staples	60
LANC	Lancaster Colony Corporation		Consumer Staples	60
CL	Colgate-Palmolive Company		Consumer Staples	59
ITW	Illinois Tool Works Inc.		Industrials	59
NDSN	Nordson Corporation		Industrials	59
HRL	Hormel Foods Corporation		Consumer Staples	57
TR	Tootsie Roll Industries, Inc.		Consumer Staples	56
ABM	ABM Industries Incorporated		Industrials	55

▲ 圖 6-3-1（資料來源：moneyzine.com）

　　這間公司我是從 C.O.L.D. 篩選系統的「D」股息成長清單裡找到的投資靈感。這也是我最喜歡的找靈感管道，因為股息成長反映這間公司的賺錢能力與對待股東的政策是好是壞。此外，HRL 是一間民生消費必需品企業，一般人比較容易理解這類型公司的商業模式，生活中不知不覺就會吃到它的商品。我們來看看 HRL 的財報評分如何吧！

財報指標評估

· **評估日期**：2022 年 12 月 8 日

· **財報評分**：總分 3 分（如圖 6-3-2）。

評估日期	股票代碼	EPS	FCF	ROE	D/E	員工	總分
2022.12.08	HRL	1	1	0	1	0	3

▲ 圖 6-3-2（資料來源：股票採購清單）

①每股盈餘（EPS）：得到 1 分（如圖 6-3-3）。

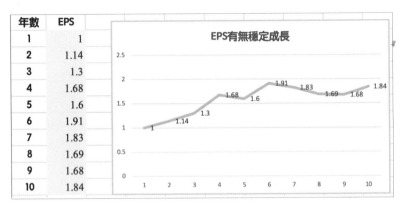

年數	EPS
1	1
2	1.14
3	1.3
4	1.68
5	1.6
6	1.91
7	1.83
8	1.69
9	1.68
10	1.84

▲ 圖 6-3-3（資料來源：股票採購清單）

　　每股盈餘部分，雖然 2019、2020 與 2021 年有下滑，但 2020 與 2021 年幾乎是一樣的數值，而 2022 年的每股盈餘則有上升，長期而言，還是看得出有越賺越多的趨勢，因此我有給它 1 分；如果你非常嚴格，也可以不給分。差別在於我可能會投資，而你不會，所以每個人的評分不一定都相同。

②自由現金流（FCF）：得到 1 分（如圖 6-3-4）。

Currency: USD	2007	2008	2009	2010	2011	2012	2013	2014	2015	2016	2017	2018	2019	2020	2021	2022
Revenue per share	11.28	12.48	12.17	13.54	14.82	15.62	16.56	17.66	17.54	17.99	17.35	17.99	17.77	17.86	21.04	22.86
Earnings per share	0.55	0.53	0.64	0.74	0.89	0.95	1.00	1.14	1.30	1.68	1.60	1.91	1.83	1.69	1.68	1.84
FCF per share	0.38	0.27	0.85	0.74	0.74	0.73	1.00	1.11	1.61	1.39	1.49	1.61	1.18	1.41	1.42	1.57
Dividends per share	0.15	0.18	0.19	0.21	0.24	0.29	0.33	0.39	0.47	0.56	0.65	0.73	0.82	0.91	0.97	1.02

▲ 圖 6-3-4（資料來源：roic.ai）

自由現金流部分，因為過去十年皆為正數，給分沒問題。

③股東權益報酬率（ROE）：得到 0 分（如圖 6-3-5）。

		2007	2008	2009	2010	2011	2012	2013	2014	2015	2016	2017	2018	2019	2020	2021	2022
ROIC		11.7%	11.3%	12.0%	14.1%	14.2%	13.5%	13.0%	13.6%	14.1%	16.9%	14.5%	14.8%	14.2%	11.0%	8.4%	8.9%
Return on capital		14.7%	14.2%	15.0%	18.0%	17.4%	16.8%	16.4%	17.1%	17.4%	20.9%	18.5%	14.8%	15.1%	11.5%	9.2%	10.1%
Return on equity		16.0%	14.2%	16.1%	18.5%	17.8%	17.7%	15.9%	16.7%	17.2%	20.0%	17.2%	18.1%	16.5%	14.1%	13.0%	Infinity%
Plowback ratio		73.1%	66.5%	70.4%	72.6%	72.9%	69.9%	67.1%	66.5%	63.5%	66.7%	59.2%	61.7%	55.4%	46.3%	42.5%	44.2%

▲ 圖 6-3-5（資料來源：roic.ai）

股東權益報酬率比較可惜的是，2013 到 2019 年每年都有超過 15%，但最近這三年表現下滑，在 15% 以下。因為沒有達到過去十年每年都大於 15% 這個標準，所以不給分。

④ D/E **負債比：得到 1 分**（如圖 6-3-6）。

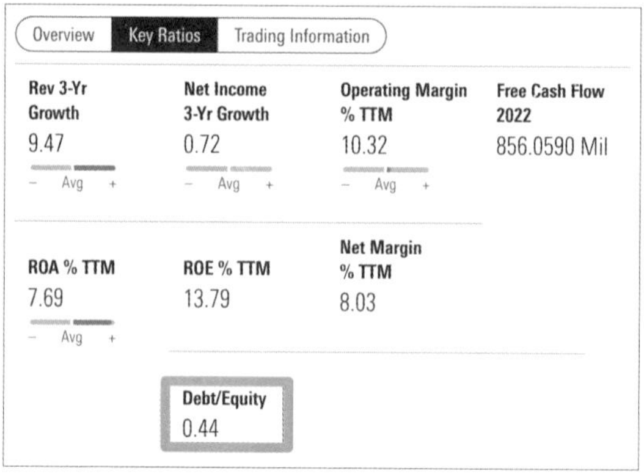

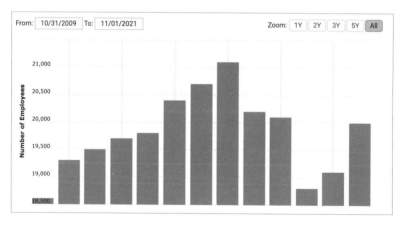

▲圖 6-3-6（資料來源：morningstar.com）

HRL 的 D/E 負債比有小於我們的標準 0.5，因此可以得 1 分。

⑤**員工人數：得到 0 分**（如圖 6-3-7）。

▲圖 6-3-7（資料來源：macrotrends.net）

員工人數很明顯沒有越來越多，看起來從 2017 年就開始做一些調整。但員工人數變少不見得都是壞事，如果 HRL 能藉由精簡部門，讓公司的營運能力與效率提升，也是一件好事，但在評分時還是保守一點，先不給分。

價值評估

①本益比（P/E ratio）：26.16（如圖 6-3-8）。

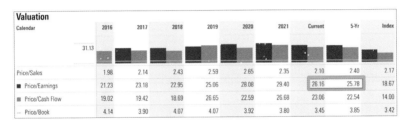

Valuation

Calendar	2016	2017	2018	2019	2020	2021	Current	5-Yr	Index
31.13									
Price/Sales	1.98	2.14	2.43	2.59	2.65	2.35	2.10	2.40	2.17
■ Price/Earnings	21.23	23.18	22.95	25.06	28.08	29.40	26.16	25.78	18.67
■ Price/Cash Flow	19.02	19.42	18.69	26.65	22.59	26.68	23.06	22.54	14.00
— Price/Book	4.14	3.90	4.07	4.07	3.92	3.80	3.45	3.85	3.42

▲ 圖 6-3-8（資料來源：morningstar.com）

　　HRL 的本益比是 26.16，明顯偏貴，跟過去五年的平均相比也較高。但 HRL 是一間股息連續成長五十七年的公司，本益比不會是我進場的依據，反而可以看看股息殖利率。

②股息殖利率（Dividend yield）：2.22%（如圖 6-3-9）。

US stock · Consumer Defensive sector · Packaged Foods

HORMEL FOODS CORPORATION
HRL ■ NYSE

47.62 USD +0.78 (+1.67%)
● MARKET CLOSED

26.16	24	1.23	26.010B	2.22%
P/E	FORWARD P/E	P/E TO S&P500	MARKET CAP	DIV YIELD

▲ 圖 6-3-9（資料來源：roic.ai）

HRL 的股息殖利率是 2.22%，沒有超過 4%，那就真的無法投資嗎？我有觀察到，HRL 過去五年的殖利率沒有超過 4% 的時候，2.2% **以上就算歷史相對高點了**，如果以這個角度切入，現在或許是個不錯的買入點，但前提是要長期持有，才能感受到股息成長帶來的威力！

　　③**股價 vs. 公司內在價值：**股價在 Jitta line 之上（如圖 6-3-10）。

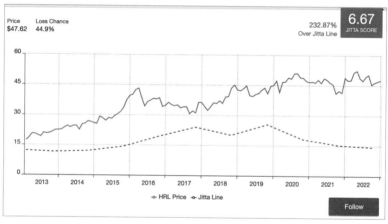

Price $47.62　Loss Chance 44.9%　　232.87% Over Jitta Line　6.67 JITTA SCORE

HRL Price　Jitta Line　Follow

▲圖 6-3-10（資料來源：jitta.com）

　　以 Jitta line 來看，HRL 的股價明顯不在合理價，但這對我而言沒有太大的影響，因為我會專注在股息部分，其他估價方式則當成參考。若真的要進場，我會以股息殖利率為優先考量，耐心等待機會來臨。

總結

　　HRL 的財報評分得到 3 分，剛好及格，但它股息成長的威力不容忽視。股息成長代表公司的賺錢能力，雖然股東權益報酬率最近有下滑，顯得 HRL 的賺錢效率有點低落，但我還是會將它納入我的股票採購清單，畢竟這間百年企業的規模不容小覷，具備一定的成本優勢，對供應商的議價能力也足夠，而且做吃的這個產業本身風險沒有那麼大，所以還是一支值得觀察的股票。

幫助投資人
建立更好投資組合的 MSCI

· **股票代碼**：MSCI

· **公司名稱**：MSCI, Inc.（明晟公司）

· **公司簡介**：

根據維基百科的說明，明晟公司（MSCI, Inc.）舊名為「摩根士丹利資本國際」（Morgan Stanley Capital International），是一家美國股票基金、所得型基金、避險基金股價指數和股東權益投資組合分析工具提供商，發布 MSCI BRIC、MSCI World 和 MSCI EAFE 指數。

MSCI 最大、最賺錢的業務就是指數的部分，擁有超過一兆美元與 MSCI 指數掛鉤的 ETF 商品，如果你有在投資 ETF，可以看看你投資的 ETF 追蹤的指數是不是 MSCI 編撰的。此外，近期 ESG 議題發燒，MSCI 也提供了 ESG 評級與相關數據給投資人、投資機構、資產管理公司等相關客戶使用，並且會繼續擴大深入研究，幫助投資人建立更棒、更美好的投資組合。

- **靈感來源**：趨勢背後工具。

　　本書的章節 1-3 講到彼得‧林區認為的好公司特質，第六點「科技的使用者」裡面提到趨勢背後的公司，那身為投資人的我們有沒有投資趨勢或話題背後的公司呢？很多學員或朋友都會問我，財經媒體上很常看到「MSCI 要調整指數權重」「某某股票納入 MSCI 指數成分股」「某某股票剔除 MSCI 指數成分股」，也有許多基金與 ETF 追蹤的指數就是 MSCI 編撰的等等，那麼，既然我們投資的標的會參考這些指數，與其被動擔心投資標的會因為權重調整而績效不好，不如直接投資編撰指數的公司，反正這些異動調整是指數公司說了算，那當他們的股東，也就間接成了那些在股市殺進殺出的人的股東。思維拉高，原來處處都是可以投資的標的，我也很幸運地因此找到了 MSCI 這檔投資靈感。

財報指標評估

- **評估日期**：2022 年 12 月 9 日
- **財報評分**：總分 3 分（如圖 6-4-1）。

評估日期	股票代碼	EPS	FCF	ROE	D/E	員工	總分
2022.12.09	MSCI	1	1	0	0	1	3

▲圖 6-4-1（資料來源：股票採購清單）

①每股盈餘（EPS）：得到 1 分（如圖 6-4-2）。

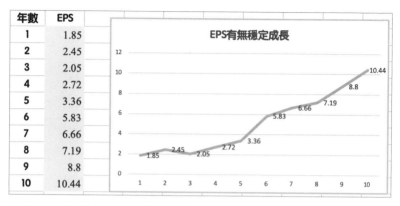

年數	EPS
1	1.85
2	2.45
3	2.05
4	2.72
5	3.36
6	5.83
7	6.66
8	7.19
9	8.8
10	10.44

▲圖 6-4-2（資料來源：股票採購清單）

想不到 MSCI 的每股盈餘這麼漂亮，得到 1 分絕對沒有問題！

②自由現金流（FCF）：得到 1 分（如圖 6-4-3）。

Currency: USD	2006	2007	2008	2009	2010	2011	2012	2013	2014	2015	2016	2017	2018	2019	2020	2021	TTM
Revenue per share	3.70	4.37	4.31	4.40	5.91	7.46	7.79	8.62	8.61	9.85	11.99	14.10	16.45	18.40	20.25	24.78	27.31
Earnings per share	0.85	0.96	0.68	0.81	0.82	1.44	1.51	1.85	2.45	2.05	2.72	3.36	5.83	6.66	7.19	8.80	10.44
FCF per share	0.97	1.30	1.29	1.17	1.52	1.92	2.48	2.31	2.20	2.35	4.09	3.93	6.47	7.75	9.08	10.71	15.53
Dividends per share	0.06	11.50	--	--	--	--	--	--	0.18	0.80	1.00	1.33	1.96	2.83	2.94	3.67	5.49

▲圖 6-4-3（資料來源：roic.ai）

自由現金流過去十年皆為正數，所以得 1 分。

③股東權益報酬率（ROE）：得到 0 分（如圖 6-4-4）。

ROIC		7.7%	12.3%	9.4%	10.4%	4.8%	8.0%	8.8%	9.1%	11.3%	10.1%	12.9%	14.2%	23.9%	21.2%	23.3%	20.2%	26.6%
Return on capital		9.7%	14.7%	10.8%	12.6%	6.8%	10.3%	11.5%	11.9%	14.7%	12.9%	15.8%	17.8%	22.5%	17.9%	20.1%	18.5%	24.9%
Return on equity		8.7%	40.6%	23.8%	16.1%	8.5%	13.3%	12.9%	14.1%	19.8%	24.8%	82.1%	75.8%	(305.0)%	(734.7)%	(135.8)%	(444.1)%	(78.6)%
Plowback ratio		93.0%	(1,009.6)%	100.0%	100.0%	100.0%	100.0%	100.0%	100.0%	92.8%	60.8%	63.1%	60.6%	66.3%	60.5%	59.1%	58.3%	58.6%

▲圖 6-4-4（資料來源：roic.ai）

　　股東權益報酬率從 2018 年開始變成負數，可是 MSCI 的每股盈餘有得分，也穩定成長，表示公司的淨收入是有越賺越多的。所以，股東權益報酬率是負數，應該是分母的股東權益變成負數導致，合理地推斷是**負債太高，讓股東權益為負**，那麼下一個指標負債比應該也不會拿到分數，股東權益報酬率這一項就先不給分。

④ D/E **負債比**：得到 0 分（如圖 6-4-5）。

▲圖 6-4-5（資料來源：morningstar.com）

D/E 負債比雖然顯示為「—」，但不代表沒有負債，原因是我上一段提到的股東權益變成負數，而分母為負數，在數學計算上無法成立，所以顯示為「—」，評分時不給分就可以了。

此外，MSCI 的負債為什麼這麼高？主要是因為公司發行票據（類似債券）及庫藏股的關係。票據你可以想成是債券，就是公司借錢的方式之一，而票據會有到期日，也需要支付利息。公司做這件事是好是壞，不能一概而論，要看公司把借來的錢拿去做什麼、有沒有好好運用，以 MSCI 來說，至少它的每股盈餘是滿好的，但在評分時還是保守一點較好。

至於庫藏股，簡單說就是公司回購股票後，暫時把股票存放在公司庫存裡，而公司可以選擇註銷或發給自家員工當分紅等做法。由於會計作帳不能把庫藏股記錄為資產，所以只好用負數的方式記錄在資產負債表的股東權益裡，這時就有可能讓股東權益變成負數。如果你要深入研究，也可以將庫藏股的部分加回去，再計算股東權益報酬率與 D/E 負債比有沒有符合標準喔！

⑤**員工人數：得到 1 分**（如圖 6-4-6）。

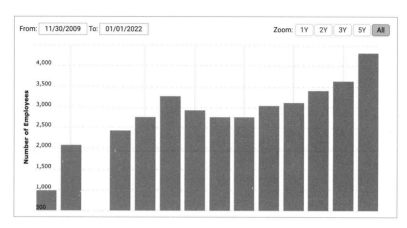

▲圖 6-4-6（資料來源：macrotrends.net）

　　員工人數乍看似乎還好，但最近六年有增加的趨勢，加上這個項目的評分可以稍微寬鬆，所以我還是給了 1 分。

價值評估

①**本益比**（P/E ratio）：48.25（如圖 6-4-7）。

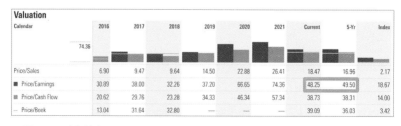

Valuation

Calendar	2016	2017	2018	2019	2020	2021	Current	5-Yr	Index
Price/Sales	6.90	9.47	9.64	14.50	22.88	26.41	18.47	16.96	2.17
■ Price/Earnings	30.89	38.00	32.26	37.20	66.65	74.36	48.25	49.50	18.67
▨ Price/Cash Flow	20.62	29.76	23.28	34.33	46.34	57.34	38.73	38.31	14.00
— Price/Book	13.04	31.64	32.80	—	—	—	39.09	36.03	3.42

▲圖 6-4-7（資料來源：morningstar.com）

MSCI 的本益比是 48.25，偏貴，但有比過去五年的平均值 49.50 小。看它過去歷史的本益比也很難達到 12，不妨可以考慮在比過去五年平均低的時候小幅進場。

②**股息殖利率（Dividend yield）**：0.87%（如圖 6-4-8）。

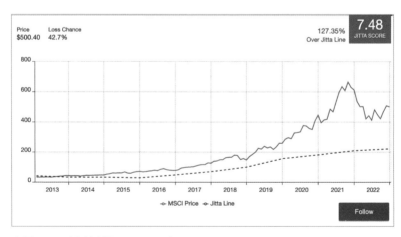

US stock · Financial Services sector · Financial Data & Stock Exchanges

MSCI INC.
MSCI ▪ NYSE

499.98 USD -0.42 (-0.08%)
● MARKET CLOSED

| 48.21 | 40 | 2.27 | 39.978B | 0.87% |
| P/E | FORWARD P/E | P/E TO G&P500 | MARKET CAP | DIV YIELD |

▲ 圖 6-4-8（資料來源：roic.ai）

MSCI 的股息發放不是很穩定與持續，2008 到 2013 年甚至是停發的狀態，所以這個股息殖利率的估價僅供參考，目前不會考慮用這個估價進場。

③**股價 vs. 公司內在價值**：股價在 Jitta line 之上（如圖 6-4-9）。

Price $500.40　Loss Chance 42.7%　127.35% Over Jitta Line　**7.48** JITTA SCORE

800

600

400

200

0

2013　2014　2015　2016　2017　2018　2019　2020　2021　2022

-○- MSCI Price　-○- Jitta Line

Follow

▲ 圖 6-4-9（資料來源：jitta.com）

以 Jitta line 的估價來看，MSCI 的股價也是沒有在合理價內。但也不必太灰心，至少前面有出現過落在合理價的狀況，可以耐心等待進場機會，也可以少少買一點，做好資產配置。

總結

MSCI 雖然在財報評分拿到剛好及格的 3 分，估價也都偏貴，但不可否認，這確實是一間好公司。只要人類存活在這個世界上，就會有金融活動，而金融活動不免會跟投資理財相關，所以金融相關產業有存在的必要性。

我覺得 MSCI 主要的競爭優勢在於能夠串起多方連結，提升自家商品與服務的價值。有越多 ETF 與其他金融商品追蹤 MSCI 的指數，就會吸引越多投資機構、資產管理公司使用 MSCI 的服務，也會帶動越多投資人投資相關的 ETF 與金融商品，他們對 MSCI 的信任度也會提升。

只是，MSCI 屬於金融服務市場，相關的政策與法規可能會影響投資人的意願與資金，整體股市環境與全球經濟狀況也會讓投資人更加積極投資，或是趨於保守觀望，這些都是 MSCI 會面臨的風險與挑戰，所以對這間公司有興趣的人要特別留意。但無論如何，做好資產配置才是分散風險的最佳策略，好的公司不嫌多，最怕的是投資一堆爛公司又捨不得賣

掉，這樣反而增加許多風險，提高賠錢的機率。

　　以上就是評估四間美股上市公司是否值得投資的實戰演練分享。如果每次下單前你都像這樣做過功課，肯定會贏過股市裡大部分的人，因為很多人投資時根本不在乎他們投資的公司是什麼、有沒有賺錢、自己夠不夠了解，總是把思考外包給所謂的專家老師，不幸賠錢還會怪罪人家，永遠不會檢討自己，因而陷入惡性循環，漸漸對投資失去信心，迷失在茫茫股海裡，載浮載沉。

　　最後，衷心希望你能找到屬於自己的「**冷鑽股**」，幫自己建立一套源源不絕的被動收入系統，除了享受美好的退休生活，也可以盡情地做自己想做的事，拿回人生的主控權。

　　坐而言不如起而行，「**行動**」永遠是最重要的，不要只是當個「思想的巨人，行動的侏儒」。如果本書有幫助到你任何一個地方，我都會非常開心，更是我教學與寫書的動力來源。

　　再次獻上我的祝福與感謝，理想人生就從今天開始吧！

〈結語〉

如果你不是富二代，
為什麼不成為富一代？

　　很多人總想著要投資理財，為自己打造良好的退休生活，卻又抱怨自己本金不多、時間不夠、沒有富爸爸富媽媽的幫忙，怎麼可能達到自己設定的財務目標？於是就自怨自艾、隨波逐流，走一步算一步地消極過生活。但是你有沒有想過，**就算不是富二代，我們也可以成為富一代**，成為那個所謂的富爸爸、富媽媽。

　　我們或許有生之年都無法進入富豪排行榜，但只要願意開始行動，就永遠不嫌晚。自己跟自己比較，永遠要想著比昨天的自己更進步，讓未來的你感謝今天的你做的決定，就算不能完成財務目標的 100%，完成 10%、20%，也比 0% 來得好。財富是可以傳承下去的，你的孩子、孫子可以因此比你更快達到理想的退休生活，也是一件很幸福的事！

　　我們常聽到富不過三代，雖然財富可以傳承下去，但千萬不要只是傳承「財富」，還要傳承「**知識**」。每個人對金錢、財富與投資理財的觀念都不同，如果只是給子孫錢財，他們非但不懂得珍惜，可能還會濫用這些得來不易的財富；但如

果我們也將財商知識、投資理財知識一併傳承下去，他們才會更懂得如何運用財富創造更多財富，對待金錢的觀念也會跟別人不同，因為他們擁有一顆具備投資理財思維的腦袋，如此才能打破富不過三代的迷思。

至於身為富一代的我們，要如何讓自己具備良好的投資理財思維呢？很簡單，就是巴菲特常說的：「**最好的投資，就是投資自己！**」投資自己永遠穩賺不賠，連巴菲特都在 2022 年的股東大會再次提及：「對抗通膨最好的方式，就是投資自己！」讓自己的價值與知識提升，才是面對通膨的最佳解方，而且巴菲特還半開玩笑地說，自身價值的升值空間不用繳稅，這都說明了「投資自己」的重要性。

試想，如果沒有投資思維，你在路上看到麥當勞，或許只會覺得這是個飽餐一頓的地方，看到別人在用最新款的 iPhone 手機，心裡或許會有點羨慕嫉妒；但如果具備投資思維，你看到麥當勞生意興隆，會想著這是一個值得投資的標的，看到身邊的果粉排隊搶購最新款的 iPhone，反而會非常開心，因為他們在幫身為股東的你賺錢。這就是最大的差別！

所以在這屬於你的篇章，我會跟你分享後續的學習資源。自己的篇章要自己撰寫，你準備好了嗎？預祝你在投資路上可以順利到達目標，過著自己理想的生活！

學習資源①：自學

　　這是一般人最常用的學習方式，優點是省錢，缺點是花時間。雖然網路上有許多免費的知識與資源，但你需要花時間摸索，拼湊出一套系統。我一開始也是先自學，但遇到問題找不到人問，抱著似懂非懂的狀態投資，結果賠錢，後來我就選擇去找好的單位與老師學習。

　　當然也有人自學就能學得很好，你可以評估自身條件衡量看看。

學習資源②：線上課程

　　隨著網路科技發達，加上疫情的影響，線上課程的選擇越來越多元，在許多平台都可以找到你有興趣的主題去學習，比如我任職的巴菲特線上學院，除了有預錄好的線上課程、直播課程、實體課程，也跟 Hahow 好學校合作推出線上課（https://bit.ly/coldbookhahow）。我覺得線上課程的好處是價格比實體課程低，而且可以無限次觀看，缺點則是少了實體課程的互動環節，有問題不一定能得到及時回覆。不過，線上課程至少提供了多樣化的學習資源，一樣可以依照自己的需求選擇喔！

學習資源③：實體課程

　　實體課程的好處是可以讓學員和老師面對面，互動性高，

當下提問可以即時獲得回覆；直接坐在教室內學習也能大幅增加學習動力和臨場感，提升專注力，更快融入學習的情境。缺點則是費用較高，還須配合固定上課時間，較難重複學習。

哪一種學習資源比較好，是一個沒有標準答案的問題，應該考慮的是選擇適合自己學習習慣的模式。你可以搭配自身條件仔細評估，找到投資自己的最佳管道。

〈附錄〉
冷鑽股採購清單

　　本書最後，我附上一個簡單的股票採購清單表格送給大家。

　　我想你看文字看到這邊應該也有點累了，所以我錄了一支教學影片，分享如何下載與使用這份清單。當然，你可以自行優化成符合你使用習慣的檔案。

　　影片的資訊欄，我也留下我的自媒體平台，有任何投資理財相關問題，歡迎私訊我，一起交流討論。為了能讓我更快回答你的問題，私訊我的時候記得先說：「我是看完《找到冷鑽股，美股獲利穩穩賺》的某某某，有某某問題想要請教……」這樣我才不會漏掉你的訊息。

　　話不多說，現在就掃描下方 QR Code，一起來學習吧！

・冷鑽股採購清單教學影片：https://bit.ly/coldstocklist

・或直接掃描 QR Code：

國家圖書館出版品預行編目資料

找到冷鑽股，美股獲利穩穩賺：善用C.O.L.D.系統，挑出隱形績優股／李
仲盈著.-- 初版.-- 臺北市：方智出版社股份有限公司，2023.04
　　256面；14.8×20.8公分 --（生涯智庫；211）

　　ISBN 978-986-175-734-6（平裝）
　　1.CST：股票投資　2.CST：投資技術　3.CST：投資分析
563.53　　　　　　　　　　　　　　　　　　　　　　112002074

www.booklife.com.tw　　　　　　　　　　reader@mail.eurasian.com.tw

生涯智庫　211

找到冷鑽股，美股獲利穩穩賺

善用C.O.L.D.系統，挑出隱形績優股

作　　者／李仲盈
發 行 人／簡志忠
出 版 者／方智出版社股份有限公司
地　　址／臺北市南京東路四段50號6樓之1
電　　話／（02）2579-6600・2579-8800・2570-3939
傳　　真／（02）2579-0338・2577-3220・2570-3636
副 社 長／陳秋月
副總編輯／賴良珠
主　　編／黃淑雲
專案企畫／尉遲佩文
責任編輯／黃淑雲
校　　對／黃淑雲
美術編輯／蔡惠如
行銷企畫／陳禹伶・黃惟儂
印務統籌／劉鳳剛・高榮祥
監　　印／高榮祥
排　　版／莊寶鈴
經 銷 商／叩應股份有限公司
郵撥帳號／18707239
法律顧問／圓神出版事業機構法律顧問　蕭雄淋律師
印　　刷／祥峰印刷廠

2023年4月　初版

定價 380 元　　　　　ISBN 978-986-175-734-6